Peter Schallenberg

Vom Glück des
GLAUBENS

PETER SCHALLENBERG

Vom Glück des GLAUBENS

SANKT
ULRICH
VERLAG
GmbH

Bibliographische Information der Deutschen Bibliothek

Die Deutsche Bibliothek verzeichnet diese Publikation in der
Deutschen Nationalbibliographie; detaillierte bibliographische Daten
sind im Internet über http://dnb.ddb.de abrufbar.

© 2008 by Sankt Ulrich Verlag GmbH, Augsburg
Alle Rechte vorbehalten
Umschlaggestaltung: uv media werbeagentur
Mediengruppe Sankt Ulrich Verlag, Augsburg
Titelbild: KNA
Druck und Bindung: Ludwig Auer GmbH, Donauwörth
Printed in Germany
ISBN: 978-3-86744-050-9
www.sankt-ulrich-verlag.de

INHALT

Macht Gott glücklich? 9

Glück und Gottesglaube in der Neuzeit 17

Ein Blick in die Geschichte:
Glück und Vollendung 31

Das christliche Bild vom
vergeistigten Glück 57

Christliche Ethik und die Frage
nach dem Glück 91

Glück und Gebet 121

Glück und Lebenskunst 129

Vorwort

„Ging es, in Einsamkeit zu leben, so könnt ich es gehen lassen; ich trüge dann die mir aufgepackte Last, das rechte Glück wäre hin, aber es müssen so viele leben ohne dies rechte Glück, und ich würde es auch müssen und – auch können. Man braucht nicht glücklich zu sein, am allerwenigsten hat man einen Anspruch darauf, und den, der einem das Glück genommen hat, den braucht man nicht notwendig aus der Welt zu schaffen" (Theodor Fontane, Effi Briest, Berlin 1995, 253). Man weiß, wie die Geschichte ausgeht: Einer schafft den anderen, der zuvor das Glück der geliebten Frau genommen hatte, aus der Welt, und am Ende bleibt der Grabstein von Effi Briest – und ein entschieden zu „weites Feld"! Ist denn das Glück überhaupt ein dem Menschen zu weites Feld, oder wird es durch den Glauben an Gott erst eigentlich greifbar? Glück ist ja ein Kunstbegriff des Menschen, immer nur im Vergleich mit anderen Gütern und Werten faßbar. Der ständige Vergleich aber ermüdet und wird zur schier unerträglichen Last. Im Paradies gab es keinen Begriff von Glück, aber es gab das pure Glück; jetzt gibt es einen Begriff vom Glück, aber nicht mehr das Glück. Montesquieu notiert irgendwo in „Meine Gedanken": „Wenn man nur glücklich sein wollte, so wäre das bald geschafft. Aber man will glücklicher sein als die anderen, und das ist fast immer deswegen schwierig, weil wir die anderen für glücklicher halten als sie sind." Dann bleibt also nur die stille Verbitterung, verbunden mit dem verzweifelten Vorsatz Albert Camus': „Wir müssen uns Sisyphos als einen glücklichen Menschen vorstellen" (Der Mythos von Sisyphos, Hamburg 1983, 101)? Oder der resignierte Rückzug in ein spießbürgerliches Scheinglück, wie es Theodor Fontanes Baron Instetten am Ende umschreibt: „Das Glück, wenn mir recht ist, liegt in zweierlei: darin, daß man ganz da steht, wo man hingehört (aber welcher Beamte kann das von sich sagen), und zum zweiten und besten in einem behaglichen Abwickeln des ganz Alltäglichen, also darin, daß man ausgeschlafen hat und daß einen die neuen Stiefel nicht drücken" (308). Ob das Alltägliche sich behaglich abwickeln läßt, sei vorerst dahingestellt – aber daß man ganz da stünde, wo man hingehört (auch ohne preußischer Beamter zu sein), das trifft wohl eher den Punkt. Der Christ glaubt an Gottes ewige Liebe; er glaubt, daß er da, wo er im Leben steht, nötig und von Gott aus notwendig ist. Das ist der Anfang vom Glück. Es ist ein Glück, das in ganzer Fülle nur Gott kennt und an dem er uns – durch Schatten und Bilder – fortschreitend Anteil gewährt. Darum soll es in den vorliegenden Überlegungen gehen: Wer an Gott glaubt, ahnt ein bisher undenkbares Glück!

Danken möchte ich von Herzen Michael Widmann vom Sankt Ulrich Verlag, Augsburg, für den ersten Anstoß und die geduldige und kompetente Betreuung, sowie Daniel Göller, Jens Körber und Andreas Reineck aus dem Priesterseminar in Fulda für bereitwillige Korrekturarbeiten. Gewidmet sei das Buch dem Bischof von Fulda, Heinz Josef Algermissen, dem Großkanzler meiner dortigen Fakultät, in Dankbarkeit und Verbundenheit!

Fulda, am Aschermittwoch 2008

Peter Schallenberg

Macht Gott glücklich?

Eine verstörende, ja geradezu anmaßende Frage? Darf man überhaupt so formulieren, so salopp und scheinbar so unwissenschaftlich: Macht Gott und der Glaube an ihn glücklich? Ist denn Gott gleichsam ein Medikament, einer Glückspille vergleichbar, die man einnimmt, um möglichst schnell und schmerzlos glücklich und zufrieden zu werden? Ist er vielleicht gar – schmerzhafte Erinnerung an neuzeitliche Religionskritiker wie Ludwig Feuerbach und Sigmund Freud! – mehr noch als ein Medikament? Ist er geradezu eine Droge, ein Rauschmittel, „Opium für das Volk" (Lenin), um die Schrecknisse des irdischen Lebens besser bewältigen zu können? Rettet nur die Flucht in den Himmel illusionärer Geigen vor der Hölle irdischen Katzenjammers? Und wenn es so wäre: Hätten dann nicht die ewigen Religionskritiker aller Zeiten bis hin zu Richard Dawkins durchaus recht mit der Behauptung, keineswegs erleichtere die „Gottesillusion" das Leben des Menschen, so oft und eindrücklich auch dieser positive Glückseffekt dem Menschen vorgegaukelt würde, nein: Gott belaste im Gegenteil das menschliche Leben in überaus gravierender und bisweilen unerträglicher Weise? Und Glaube wie Religion seien keineswegs eine Quelle von Frieden und Glück, sondern ein ständiger Unruheherd, geradezu ein Krebsgeschwür am Leib einer religiös verfeindeten Menschheit. Daher, so das behende Fazit solcher Religionskritik, sei Gott im ureigensten Interesse des Menschen abzuschaffen, damit der nun von jeder störenden Illusion und von jedem falschen Schein befreite Mensch neu und intensiver lerne, wirklich glücklich zu sein. Damit dieser Mensch lerne, in der eigenen Welt beglückt zu leben, den Himmel getrost und getröstet den Spatzen zu überlassen und stattdessen auf der Erde sein Leben sinnvoll in Ordnung zu bringen.

Man kann so denken, man muß es keineswegs. Freimütig gestehe ich, daß mich die Frage „Macht Gott glücklich?" nicht mehr losgelassen hat, seit ich sie zum ersten Mal, irgendwann vor fünfzehn Jahren, bewußt las in dem kleinen Büchlein „Gottespassion" (Freiburg/Br. 1991, 33) von Johann Baptist Metz. Schon vorher war mir die Frage nach dem Zusammenhang von Gott und Glück aufgeleuchtet durch die Beschäftigung mit Blaise Pascal und seinen ungemein beeindruckenden „Pensées", aber auch durch die Vorlesungen von P. Klaus Demmer MSC an der Gregoriana in Rom. Von Anfang an stellte sich mir kaum die Frage: Darf man Gott und das Glück des Menschen in Verbindung bringen? Vielmehr schien mir intuitiv einleuchtend: Wenn von Gott die Rede ist, wenn über ihn und sein Wesen nachgedacht wird, dann muß früher oder später auch logisch und konsequent die Rede auf das vollkommene Glück des Menschen kommen. Denn Gottes Existenz, sein Wesen und Sein meint ja den ganzen Menschen, sein Glück auf Erden und sein Heil. Gott, diese gleichsam sprachliche Chiffre mit in deutscher Sprache vier Buchstaben, meint doch im Kern nach der berühmten Definition des hl. Anselm von Canterbury genau „das, worüber hinaus Größeres nicht gedacht werden kann." Das gesamte Zitat ist im Original bezeichnenderweise ein Gebet (modern ausgedrückt: ein nicht einfach konstatierender, sondern performativer Sprechakt; theologisch: betendes Sprechen) und lautet wie folgt: „Also Herr, der Du die Glaubenseinsicht gibst, verleihe mir, daß ich, soweit Du es nützlich weißt, einsehe, daß Du bist, wie wir glauben, und das bist, was wir glauben. Und zwar glauben wir, daß Du etwas bist, über dem nichts Größeres gedacht werden kann." (Proslogion II) Größeres? Eigentlich ist gemeint: Besseres! Franz Schupp erläutert hierzu in seiner „Geschichte der Philosophie im Überblick": „Anselm spricht hier von einem „köstlichen Gut" *(bonum delectabile)*, also von etwas, das ganz und gar nicht zu der Kategorie der

Quantität paßt. Auch an einer anderen Stelle setzt Anselm an Stelle des „größer" *(maius)* den qualitativen Ausdruck „besser" *(melius)*" (Hamburg 2003, Bd. II, 173). Mit anderen Worten: Besseres kann über Gott gerade aus der Definition Gottes heraus, die jede bloße Quantität der empirisch erfahrbaren Wirklichkeit überschreitet, nicht gedacht werden, sonst wäre nicht von Gott die Rede. Denn Gott ist ja, zunächst gedacht und ersehnt, genau das Beste und das denkbar Größte – und was hieße das für ein vorstellbares und ersehntes Glück, für das Beste des Menschen?

Johann Baptist Metz antwortet übrigens nach einigen grübelnden Zwischenfragen sich selbst auf die gestellte Frage „Macht Gott glücklich?" mit dem vielleicht überraschenden und lapidaren Satz: „Ich zweifle!" Natürlich klingt hier das berühmte Wort von Descartes an „Cogito ergo sum" – „Ich denke, also bin ich", das sich zusehends in der Neuzeit verschärfte zum „Dubito ergo sum" – „Ich zweifle, also bin ich", bis hin zu Sören Kierkegaards Mühe, durch den Sprung in den Glauben dem Zweifel und der Verzweiflung zu entrinnen, bis hin zu Albert Camus' fast trotzigem Bekenntnis am Ende seines Buches „Der Mythos des Sisyphos": „Wir müssen uns Sisyphos als glücklichen Menschen vorstellen." Das Christentum ist eigentlich, so scheint mir, im Kern nichts anderes als die Behauptung: Wir müssen uns Sisyphos, den Typus des im Grunde vergeblich lebenden Menschen, nicht als glücklichen Menschen vorstellen – und wir dürfen und sollen es auch nicht! Spätestens an dieser Stelle, mit dem kleinen unscheinbaren Wort „sollen" kommt die Ethik ins Spiel. Denn wenn uns doch die Ethik belehren soll über das wirklich Gute (und nicht nur das scheinbar Zufriedenstellende), dann hat sie zu tun mit dem wirklich geglückten Leben und unversehens mit dem Glück. Und mit Gott, weswegen keine Ethik letztlich die Frage nach einem absoluten Glück und nach Gott ausklammern kann. Die Frage nach dem umfassend gelungenen und daher glücklich zu nennenden Leben steht unabweisbar vor jedem Menschen und seiner drängenden Frage nach vollkommener Gutheit.

Noch einmal zurück zu der Ausgangsfrage und der Antwort von Johann Baptist Metz. Sie lautet nämlich in der ausführlichen Version folgendermaßen: „Macht Gott glücklich? Im Sinne eines sehnsuchts- und leidensfreien Glücks? War Israel in diesem Sinne glücklich mit Jahwe? War Jesus in diesem Sinne glücklich mit seinem Vater? Macht biblisch begründete Religion in diesem Sinne glücklich? Schenkt sie gelassene Selbstversöhntheit, ein Innewerden unserer selbst ohne jegliches Erschrecken und Aufbegehren, ein Wissen um uns selbst, ohne etwas zu vermissen? Beantwortet sie die Fragen? Erfüllt sie die Wünsche, wenigstens die glühendsten? Ich zweifle." Und ähnlich nüchtern, wenn auch aus weit radikalerer Sicht des Zweifels und der Verzweiflung, lesen wir es in dem ungemein beeindruckenden Buch „Die Glut" (München 1999, 136) von Sandor Marai: „Wir müssen ertragen, daß unsere Sehnsüchte in der Welt kein vollkommenes Echo haben. Wir müssen ertragen, daß die, die wir lieben, uns nicht lieben, oder nicht so, wie wir es hofften." Kann dies das letzte Wort sein? Und wäre nicht, auf der Spur von Sandor Marai und seiner Zuspitzung zur Frage nach der endgültigen Liebe, Gott als vollkommene Liebe und damit als vollkommene Beglückung zu denken, zu ersehnen und im Glauben zu ergreifen? Freilich – im bloß irdischen Sinn eines beliebigen Konsumgutes macht Gott nicht glücklich. Wenn aber so nicht, wie dann? Was fügt der Glaube an Gott und seine Ewigkeit denn dem menschlichen Leben hinzu, das es aus eigener Kraft niemals besäße? Und umgekehrt gefragt: Was dürfte auf keinen Fall fehlen in einem als geglückt gedachten menschlichen Leben? Von solchen Fragen, nicht zuletzt aus ethischer und moraltheologischer Sicht, also aus der Sicht eines umfassend guten Lebens soll die Rede sein. Und, um es gleich vorweg zu nehmen: Es sollen wenigstens Spuren aufgezeigt werden, die darauf deuten lassen: Gott macht glücklich – aber ganz anders, als zumeist gedacht! Die Mühe und Kunst des Deutens freilich bleibt uns nicht erspart. Und das ganze Leben eines Menschen ist in gewisser Weise eine einzige hohe Kunst der Deutung und der Erkenntnis richtiger Bedeutung. Dazu müssen aber die richtigen Fragen gestellt und muß nach den richtigen Maßstäben gefragt werden. Es ist Zeit, vom Glück zu reden – also muß von Gott die Rede sein!

Glück und Gottesglaube in der Neuzeit

Egon Friedell beginnt seine großartige „Kulturgeschichte der Neuzeit" mit den Worten: „Durch die unendliche Tiefe des Weltraums wandern zahllose Sterne, leuchtende Gedanken Gottes, selige Instrumente, auf denen der Schöpfer spielt. Sie alle sind glücklich, denn Gott will die Welt glücklich. Ein einziger ist unter ihnen, der dieses Los nicht teilt: auf ihm entstanden Menschen. Wie kam das? Hat Gott diesen Stern vergessen? Oder hat er ihm die höchste Glorie verliehen, indem er ihm freistellte, sich aus eigener Kraft zur Seligkeit emporzuringen?" (München 2007, 3). Die Neuzeit ist unsicher geworden über das Glück und noch unsicherer über Gott, jedenfalls den christlichen Gott der Offenbarung in Jesus von Nazareth. Was geschieht und was ist gemeint, wenn der neuzeitliche Mensch „Gott" sagt und denkt? Wie können die Ewigkeit Gottes und die begrenzte Zeit eines Menschen zusammengedacht werden? Hier muß zunächst kurz von der Neuzeit die Rede sein: Dies ist zuerst kein exklusiver Zeitbegriff, rein historisch-technisch verstanden, als wenn die Neuzeit am 12. Oktober 1492 mit der Entdeckung einer neuen Welt begönne und mit dem 14. Juli 1789, mit der Erstürmung der Bastille in der Französischen Revolution endete und übergangslos in der Moderne (und diese dann nach dem Zweiten Weltkrieg wieder in der Postmoderne) mündete. Neuzeit war immer schon ein Kunstbegriff der periodischen Einteilung in Antike, Mittelalter und eben Neuzeit, wohl auf den Lateinlehrer und Historiker Christoph Cellarius (1634–1707) zurückgehend und dort bei ihm einsetzend bereits mit der Eroberung Konstantinopels durch die osmanischen Heerscharen im Jahre 1453. Neuzeit wird hier verstanden als anthropologischer Begriff, der das spezifische individuelle Selbstbewußtsein des zu sich selbst erwachten Menschen zur Erscheinung bringt. Damit aber entsteht jetzt auch drängend und anfordernd die Frage nach dem eigenen Lebenssinn. Mehr noch: Es erhebt sich im Leben eines jeden Menschen die Frage nach dem Sinn der eigenen und höchst zufälligen Existenz: Warum bin ich und gerade ich auf der Welt? Es ist, in neuem Gewand, die alte Menschheitsfrage nach dem sicheren und notwendigen Glück des eigenen, unverwechselbaren Lebens. Und es liegt nahe, angesichts dieser Frage nach dem letzten und vollkommenen Glück still und stumm zu resignieren und sich auf die kleinen unverhofften Glücksmomente des Alltags zurückzuziehen, wie dies etwa Wolf Schneider am Ende seines Buches „Glück!" tut: „Glück kann nicht das höchste Ziel auf Erden sein; schmerzlich zu sagen. Wenn oder wo es das wäre, würde es vermutlich eine Menge Unheil stiften." Und er fährt fort: „Sie haben eben leider recht: der alte Darwin, wenn er das Überleben der Stärksten zum Naturprinzip erklärt, nicht das Glücklichwerden, und der alte Freud nicht minder mit seinem schlimmen Satz: ‚Die Absicht, daß der Mensch glücklich sei, ist im Plan der Schöpfung nicht enthalten' " (Reinbek 2007, 284). Der christliche Glaube behauptet demgegenüber exakt das Gegenteil, mit zwei winzigen Korrekturen allerdings: Daß der Mensch glücklich sei, war im Plan der Schöpfung ursprünglich enthalten. Dieses Glück ging verloren. Daß der Mensch nun glücklich werde, das ist im Plan der Erlösung enthalten – freilich nicht nach den Bedingungen bloßen und zufriedenen Menschseins, sondern nach der liebenden Logik Gottes!

Lebenskunst und Anleitungen zur gelingenden Selbstsorge liegen am Ende der Neuzeit, die sich jetzt Postmoderne nennt, in vielfältiger Form vor. Zumeist handelt es sich um scheinbar leicht erlernbare Techniken oder Einübungen in die schwierig gewordene Lebenskunst, wie sie nicht zuletzt Wilhelm Schmid mehrfach vorgelegt hat (Philosophie der Lebenskunst, Frankfurt/M. 2001). Immer geht es um die rechte Liebe zum eigenen Selbst und zum eigenen Leben, letztlich um die versöhnte Annahme der eigenen Existenz und Person, die als liebenswert vor Augen treten soll. Beide Formen der Liebe zum eigenen Selbst, Selbstsorge also und dementsprechende Techniken, finden sich markant formuliert bei einem der Vordenker der Postmoderne, bei Michel Foucault, der nicht zufällig die menschliche Sexualität als Verdichtung der Suche nach Glück und Sinn, nach absoluter und unbedingter Liebe und Annahme thematisiert (Die Sorge um sich. Sexualität und Wahrheit, Frankfurt/M. 1986). Auch die christliche Tradition sah einen ebenfalls engen Zusammenhang von Glück und Liebe, von Hingabe und Selbstfindung: Hofft nicht jeder liebende Mensch, glücklich zu werden gerade durch die selbstvergessene Liebe zum anderen Menschen? Und hofft nicht der Christ, vollkommenes Glück zu finden durch die vollkommene Liebe zu Gott?

Das Problem der Lebenskunst steht in bester ethischer Tradition, denn vor der Frage „Was soll ich tun?", die gemeinhin als zentrale Frage der Ethik angesehen wird, steht die weit grundlegendere Frage „Was ist der Mensch?", und zuvor noch die verstörend existentielle Frage „Wer und warum bin ich selbst?" Freiheit und Geschichte bilden dabei stets zwei grundlegende Maßstäbe der ethischen Grundfrage nach dem Sinn eigener und fremder Existenz, denn beide, Freiheit und Geschichte, erfahren sich im Leben eines Menschen als begrenzt: Die eigene Freiheit ist vielfältig begrenzt durch Mitmenschen, aber auch Charakter und Veranlagung; die eigene Geschichte schließlich ist endgültig begrenzt durch den eigen Tod. Diesen kann zwar das Denken, nicht aber das Leben überwinden. Der menschliche Geist fragt nach Endgültigkeit und nach Ewigkeit und bleibt doch gefangen im Gehäuse der unbarmherzig begrenzten Lebenszeit. Das Christentum als Glaube an die zeitübergreifende Offenbarung der ewigen Liebe Gottes vertritt hier in umfassender Weise den Anspruch radikaler Überwindung von Raum und Zeit und damit absoluter, weil zeitenthobener Sinnstiftung. Gedacht ist an Erlösung aus der verwirrenden Vieldeutigkeit des eigenen Lebens, gedacht ist an Erlösung aus dem Zwang zur selbstgemachten Bedeutsamkeit innerhalb immer kürzer werdender Lebenszeit, gedacht ist an Gott als sicheren Ort der eigenen Person, gedacht ist an das endgültige Ende der augustinischen Unruhe des Herzens.

Diesem subjektorientierten Gottesgedanken kann die theologische Ethik (und die Moraltheologie) nicht ausweichen, ist sie doch von ihrem Selbstverständnis her Sinnwissenschaft und Glaubenswissenschaft zugleich, da sie versucht eine Brücke zu schlagen zwischen Zeit und Ewigkeit, zwischen

Vernunft und Glaube. Zu denken gibt, mit anderen Worten, die Offenbarung von Gottes ewiger Liebe in der Person Jesus Christus, zu denken gibt die Erscheinung Gottes in der Zeit und in der Geschichte, und damit auch in der eigenen Lebensgeschichte. Und die Vernunft wird gleichsam vom Glauben befragt, ob dies vernünftig zu glauben sei: Daß da ein Gott ist, der mich und mein eigenes staubkornartiges Leben so liebt, daß er es in seine Ewigkeit heimholen will? Genau dies geschieht im Zeichen einer neuzeitlichen Wende zum Subjekt und zum Individuum: Wer, wenn nicht das Individuum, sieht sich diesem letzten und zumutenden Anspruch Gottes ausgesetzt? Und dies in einer Zeit, in der ein Begriff vom lebendigen Gott immer mehr zu verblassen scheint, da die Welt zur Maschine und der Mensch zum funktionierenden Maschinisten geworden ist, und Gott allenfalls noch als erster Anstoß, nicht aber mehr als lebendiges Gegenüber des Menschen notwendig erscheint. Daraus entsteht gleicherweise ein schier grenzenloses Selbstvertrauen in die technischen Kräfte des Menschen wie auch eine abgrundtiefe Skepsis gegenüber den lebenstechnischen Möglichkeiten jenes Menschen. Das genau ist der Unterschied zwischen Moderne und Postmoderne; Hansjürgen Verweyen bringt es prägnant so auf den Punkt: „Während der Grundzug der modernen Mentalität aber in dem Vertrauen darauf besteht, daß die menschliche

Vernunft eine stabile Ordnung in dieser Welt zu errichten imstande ist, zeichnet sich die postmoderne Mentalität geradezu durch das Fehlen dieses Vertrauens in die rationalen Kräfte des Menschen aus" (Theologie im Zeichen der schwachen Vernunft, Regensburg 2000, 53). Die menschliche Vernunft wird unter der Hand und fast unbemerkt zum Ableseorgan technischer Prozesse, aber das Leben eines Menschen läßt sich auf Dauer nicht leben als technischer Prozeß puren Überlebens: Wer lebt schon, damit er möglichst lange lebt? Jeder will wissen, warum er lebt, und erst, wenn das geklärt ist, wie lang das möglich ist. Die Frage nach einem absoluten Sinn des Lebens bleibt unabweisbar.

Absoluter Sinn, losgelöst also von den begrenzenden Bedingungen von Raum und Zeit, wird immer verstanden als Antwort auf die Frage nach dem letzten Sinn einer individuellen Existenz. Es ist die tiefste Überzeugung des christlichen Glaubens an Gott, daß eine letzte, existentielle Antwort nur im Begriff umfassend geglückter Liebe und geglückter Annahme dieser Liebe gegeben werden kann. Und dieses Glück scheint dann erst wirklich erkannt zu sein, wenn das fundamentale Dilemma menschlicher Personalität gelöst ist, nämlich die Verbindung von Eigeninteresse und absichtsloser Liebe. Das, was wir gemeinhin als Egoismus zu bezeichnen pflegen, ist ja nur die Verschattung einer als notwendig erkannten liebenden Annahme der eigenen Person, von der wir ahnen, daß wir sie letztlich nur vom anderen empfangen, nicht aber selbst leisten können. Das dann hieße vollkommenes Glück: Das Bewußtsein absoluter Liebe, die geschenkt und nicht gemacht ist. Das aber meint nach christlichem Selbstverständnis: Gott. Die theologische Ethik als Sinnwissenschaft erinnert sich in diesem Zusammenhang an die Suche der christlichen Mystik nach selbstloser und selbstvergessener Liebe. Von Egoismus ist hier ist nicht die Rede, vielmehr von einer Loslösung vom eigenen, ständig beunruhigten Selbstinteresse. Nicht die Verlängerung oder Universalisierung von Selbstliebe wäre dann der Weg zur absichtslosen Liebe als vollendetem Glück, sondern die ahnungshafte Gewißheit reiner Verdankung gegenüber Gott. Jörg Splett nennt dies die christlich verstandene Art der Selbstverwirklichung und notiert in diesem Zusammenhang: „Jemanden lieben besagt, seine ‚Schwächen' teilen. Gottes Schwäche ist in unbegreiflicherweise Weise der Mensch. Darum folgt aus der Liebe zu Gott die zu uns selbst wie zum Nächsten. Beides eingebettet in das Antwort-Ja zu Gott – und bleibend ihm verdankt" („Selbstverwirklichung" – christlich?, in: Die Neue Ordnung 56 [2002] 359–368, 366). Die von der Eigenliebe positiv abgehobene Selbstliebe (als Ausdruck des Selbstbewußtseins) bleibt bleibender Referenzpunkt der Ethik. Jedoch ist aus Sicht christlicher Ethik und Mystik noch einmal schärfer und radikaler zu fragen: Was nämlich ist der letzte Grund und das letzte Motiv jener Selbstliebe? Denn es muß doch der Versuchung gewehrt werden, Gott einfach zum Ziel und Mittel einer privaten Selbstliebe und eines individuellen Interesses zu machen, mithin einer Versuchung, das eigene private Glück als Ausgangs- und Endpunkt der Moral zu betrachten. In diesem Sinne muß eine christliche Ethik immer quer stehen zur Wirklichkeit der bloßen Bedürfnisbefriedigung von Menschen, die auf der Suche nach vergänglichem und scheinbarem Glück sind. Ein solches Christentum und seine Botschaft von der alles Verstehen und Sehnen übersteigenden Liebe Gottes steht einer Gesellschaft stets kritisch gegenüber, die mehr oder weniger unverblümt verspricht, den Menschen wunschlos glücklich machen zu können. Dies endet nämlich in aller Regel im Zynismus: Zunächst wird der Mensch wunschlos gemacht, indem alle Ideale jenseits einer materiellen Bedürfnisbefriedigung als Illusion erklärt werden, und sodann hält er sich für glücklich.

Das Christentum und nicht zuletzt die christliche Ethik hält freilich fest an der Frage: Wie kann ein menschliches Leben glücken angesichts fortwährender und schmerzhaft erfahrener Zufälligkeit und Begrenztheit? Gibt es jenseits der vielen kleinen Glücklichkeiten und Glückszufälle, von denen natürlich auch ein Leben oft wimmelt, ein großes und unzerstörbares Glück? Der christliche Glaube besteht im Kern in der Überzeugung: Die Wahrheit eines geglückten menschlichen Lebens erschließt sich endgültig erst im Glauben an die Offenbarung von Gottes ewiger und unverbrüchlicher Liebe in Jesus Christus. Von hier aus wird Glück jetzt theologisch als Heil (und Heilung der menschlichen Vernunft und ihres Sehnens) definiert. Daher präzisiert das 2. Vatikanische Konzil an markanter Stelle, nämlich in der Pastoralkonstitution „Gaudium et spes": „Tatsächlich klärt sich nur im Geheimnis des fleischgewordenen Wortes das Geheimnis des Menschen wahrhaft auf. Denn Adam, der erste Mensch, war das Vorausbild des zukünftigen, nämlich Christi des Herrn. Christus, der neue Adam, macht eben in der Offenbarung des Geheimnisses des Vaters und seiner Liebe dem Menschen den Menschen selbst kund und erschließt ihm seine höchste Berufung" (Nr. 22). Jener Christus wird als der neue und perfekte, der vollkommene Mensch bezeichnet, und das meint: Vollkommen ist der Mensch erst, wenn er ein unzerstörbares Bewußtsein der Liebe des Vaters, der Liebe Gottes hat – und daraus lebt und handelt! Das Selbstbewußtsein Jesu wird zur grundlegenden Norm eines neuen Lebens – und der Glaube an Gottes Liebe erhält Anteil an diesem Selbstbewußtsein, durch die Gemeinschaft der Kirche und ihre Sakramente. Dahinter steht die

Überzeugung: Inkarnation, also Menschwerdung Gottes in der gottmenschlichen Person Jesus von Nazareth, bleibt nicht einfach ein einmaliges Geschehen in der Menschheitsgeschichte, gleichsam archäologisch aufspürbar und sodann zu den historischen Akten zu legen, sondern ereignet sich seit der Menschwerdung Gottes immer wieder in der Menschwerdung eines jeden Menschen und in seiner Lebensgeschichte. Geschichte wird damit zur ethischen Kategorie und Lebensgeschichte zum gültigen Ort der Offenbarung Gottes: Was leuchtet mir hier und jetzt in meiner Lebensgeschichte ein an Liebe und Zuwendung Gottes – und wie antworte ich darauf? Ein gelingendes Glücken der eigenen Lebensgeschichte ist demzufolge nicht einfachhin ablesbar an äußeren Daten oder gar an Kriterien normaler Glückserwartung, vielmehr ist der Raum menschlicher und mathematischer Ablesbarkeit eines lebensgeschichtlichen Glücks aufgebrochen. Damit aber gelingt eine echt christologische Weiterentwicklung des christlichen Glücksbegriffs, der in Jesus Christus einmal und endgültig ein personales Antlitz erhalten hat. Dann ist aber zugleich auch die unverwechselbare Lebensgestalt eines jeden Menschen mit einer unverwechselbaren Mühe um die geglückte Wahrheit des eigenen Lebens und seiner Vollendung anerkannt: So wie ich hat noch kein Mensch zuvor gelebt und wird nie wieder in der Geschichte der Menschheit jemand leben, so wie ich hat noch nie jemand von Gott gedacht, so wie ich hat noch nie jemand versucht glücklich zu werden!

Für die christliche Ethik heißt das dann: Normen können nur eine allgemeine und immer geschichtlich-vorläufige Orientierung im Feld des geglückten Lebens geben. Entscheidend ist dem zuvor die innere Motivation eines Menschen zu einer an der Gestalt Christi und seiner Liebe zum Vater ausgerichteten eigenen Existenz und Lebenswahl. Der vollkommene Mensch, nämlich Jesus Christus, wird zur grundlegenden Motivation, sich in der Nachfolge Christi (wenngleich unter vollkommen anderen geschichtlichen Umständen) der Liebe Gottes so bewußt zu werden, daß ein entschiedenes Wachstum in die Vollkommenheit und das Glück einer eigenen Lebensgestalt gelingt. Daher heißt es in „Gaudium et spes" an der schon erwähnten Stelle: „Der das Bild des unsichtbaren Gottes (Kol 1,15) ist, er ist zugleich der vollkommene Mensch, der den Söhnen Adams die Gottebenbildlichkeit wiedergab, die von der ersten Sünde her verunstaltet war. Da in ihm die menschliche Natur angenommen wurde, ohne dabei verschlungen zu werden, ist sie dadurch auch schon in uns zu einer erhabenen Würde erhöht worden. Denn er, der Sohn Gottes, hat sich in seiner Menschwerdung gewissermaßen mit jedem Menschen vereinigt." Sehr schön wird hier das biblische Konzept der Gottebenbildlichkeit und das neuzeitliche Verständnis von Menschenwürde miteinander verwoben: Es ist gerade die innerste Würde eines Menschen, sich selbst als nicht nur lebenswürdig begreifen zu dürfen, sondern zutiefst und von Gott her als liebeswürdig – darin liegt letztlich der innerste Kern jeder individuellen Menschenwürde! Und Sünde hieße dann, den Glauben an jene von Gott geschenkte (und zugemutete) Liebeswürdigkeit zu verlieren, zu verzweifeln und sich zu begnügen mit einer bloß zufriedenen oder technisch korrekten Lebensführung.

Ein Blick in die Geschichte: Glück und Vollendung

In der griechischen Antike wird Glück (oder besser, weil umfassender: Glückseligkeit) als Eudämonie verstanden. Das heute ungebräuchliche Wort läßt von fern an den Dämon denken, von dem auch die deutsche Sprache noch weiß, und der Hinweis erweist sich als hilfreich, wenngleich der Begriff des Dämons inzwischen nur noch in negativer Bedeutung gebräuchlich ist. Von einem inneren bösen Dämon oder Geist besessen ist, wer falschen und scheinbaren Zielen hinterherläuft; vom guten Dämon geleitet ist, wer das wahre Ziel des Menschseins nicht aus dem Blick verliert. Eudämonie im griechischen Verständnis meint also nicht äußerlichen Reichtum oder Besitz, sondern eine innere Qualität des Menschen, begründet in der inneren geistigen Haltung eines seiner selbst bewußten Individuums. Die antiken Ethiker und Philosophen sind in aller Regel Eudämonisten: Glück ist das höchste Gut, das allein um seiner selbst willen angestrebt wird, und nicht noch einmal als Mittel zu einem höheren Zweck, während alles andere um des letzten Glückes willen geschieht, also ein Mittel zur Erreichung des wahren Glücks ist. Während nun Plato die Gerechtigkeit als den Inhalt der Eudämonie ansieht, geht Aristoteles einen Schritt weiter und denkt entschiedener auf ein letztes Ziel hin: Glück ist nach ihm der Zustand der erreichten Vollendung. Das höchste und von jedem Menschen angestrebte Gut ist jenes Glück, wir würden vielleicht in moderner Sprache sagen: ein Zustand vollendeter Subjektivität. So sind zunächst überhaupt nicht Normen oder Werte im Blick, sondern ein willentlich angestrebtes Ziel des menschlichen Lebens, und dies im Unterschied zur vorgegebenen Natur von Pflanzen und Tieren und deren unabweisbaren biologischen Zielen. Was aber ist der letzte Grund für jenes willentliche Streben des Menschen? Allein das vollkommene Glück, das als Gutheit des eigenen Lebens attraktiv und beflügelnd vor dem inneren geistigen Auge steht. Aristoteles geht es also darum, nach den inneren und letzten Gründen zu fragen, die das menschliche Dasein in sich selbst begründen und es in seiner Gestaltung sodann bestimmen. Die berühmte „Nikomachische Ethik" des Aristoteles beginnt daher programmatisch mit dem Satz: „Jede Kunst und jede Lehre, ebenso jede Handlung und jeder Entschluß scheint irgendein Gut zu erstreben. Darum hat man mit Recht das Gute als dasjenige bezeichnet, wonach alles strebt" (1094 a 1). Da aber alle nach dem Selbstzweck der Vollkommenheit streben, das Ziel des vollkommenen Glücks der menschlichen Natur gleichsam eingebrannt ist, muß das Gute ein allgemeines Ziel und mit dem Glück als Vollkommenheit identisch sein. Glück also ist Vollkommenheit als objektiver Zustand und nicht einfach als subjektives Gefühl. Da aber nun dem Menschen als spezifische Tätigkeit (und hierin unterscheidet er sich wesenhaft vom Tier) das vernünftige Denken zu eigen ist, so liegt genau darin die Eudämonie, denn, so Aristoteles in der „Nikomachischen Ethik", dann ist „das Gute für den Menschen die Tätigkeit der Seele aufgrund ihrer besonderen Befähigung, und wenn es mehrere solcher Befähigungen gibt, nach der besten und vollkommensten: und dies außerdem noch ein volles Leben hindurch. Denn eine Schwalbe macht noch keinen Frühling, und auch nicht ein einziger Tag; so macht auch ein einziger Tag oder eine kurze Zeit niemanden glücklich und selig" (1098 a 16). Anders gesagt: Umfassend gelungenes Leben ist in gewisser Weise eine Gestaltwerdung der Seele, und das ist das Ziel der Gutheit des Menschen. So kann die Glückseligkeit als das Ziel und das Vollkommene verstanden werden. Menschliches Gutsein und personale Glückseligkeit sind demnach identisch als das Ziel menschlichen und vernunftgemäßen Lebens. An dieser Stelle führt Aristoteles dann den Begriff der Tugend ein. Denn: „Da die Glückseligkeit eine Tätigkeit der Seele gemäß der vollkommenen Tugend ist, so haben wir nun nach der Tugend zu fragen" (1102 a 5). Die Tugend ist im Grunde Tüchtigkeit, nicht aber in einem einfachen handwerklichen Sinn oder als Tauglichkeit der Seele und ihrer Kräfte, ein umfassendes Glück in der Zerbrechlichkeit des vergänglichen Lebens zu erwirken und anzustreben. Tugend ist in dieser Sicht der Weg zum vollkommen geglückten Leben; diese Tugend wird vom Menschen als politischem Lebewesen wesentlich in der Form staatlicher Gemeinschaft, in der *polis* eben, geübt. Das Glück des Menschen ist demnach nicht einfach ein blindes Geschick; es ist vielmehr erwirkbar. Ja man könnte sogar zugespitzt sagen: In der Sicht des Aristoteles besitzt der Mensch über das Glück, insofern es das höchste Gut ist, Verfügungsgewalt. Die grundlegendste Tugend zur Erreichung jener Glückseligkeit ist die berühmte antike *phronesis*, die Klugheit, die in der christlichen Tradition zusammen mit Gerechtigkeit, Tapferkeit und Maß das Viergespann der Kardinaltugenden bildet. Gemeint ist eine Naturgabe des Menschen als praktische und angeborene Vernünftigkeit. Ein Mensch erlangt sein umfassendes Glück in seinem Leben durch die gelungene Ausübung seiner Vernunftfähigkeit. Kraft dieser Fähigkeit entwickelt der Mensch Begriffe für objektiv Richtiges, schafft sich Normen und Gesetze und vermag die Sphäre der Tiere, einer bloßen Bedürfnisbefriedigung zu überschreiten. So kann die Klugheit geradezu als ein Blick, der das Ganze und Vollkommene des eigenen Lebens umfasst, bezeichnet werden. Damit soll sie letztlich den roten Faden einer in sich konsistenten Lebensführung auf das wirklich und bleibend Gute im Auge behalten, denn die Ausrichtung auf das wirklich Gute in unserem Leben ist beständig gefährdet durch unsere Schwächen, unsere wechselnden Stimmungen und Emotionen. Wenn und insofern es gelingt, diese Schwächen und emotionalen Wechselbäder durch die bewußte Tätigkeit der Vernunft zu mäßigen und eine mittlere ausgleichende Haltung der Tugend anzustreben und durchzuhalten, dann ist ein geglücktes Leben im Blick. Menschliches Glück bedarf in der Sicht des Aristoteles der Anstrengung, führt aber dann zu einem gelungenen Lebensvollzug, der eine vorher ungeahnte Freude schenkt – eine Freude, die der ewigen Freude der Götter nahe kommt.

Ein zweiter Blick auf das Glück wendet sich zur Gestalt des hl. Augustinus, insofern bei ihm die Frage nach dem letzten Glück des Menschen gestellt wird vor dem Hintergrund der antiken Zielbestimmung des Menschen. Gottes Gnade und seine ewige Liebe sind das Ziel, die Strebungen der menschlichen Natur aber sind gewissermaßen das auf das Ziel Bezügliche und Hinführende. Die augustinische Frage nach dem Glück bündelt sich in der Bekehrung des Augustinus, wie sie uns dramatisch und ergreifend in seinen „Confessiones", den Bekenntnissen seiner Irrungen und Wirrungen auf der Suche nach dem wahren Gut und dem wahren Glück, auf der Suche nach Gott, vor Augen tritt. „Auf welche Weise soll ich dich suchen, Herr? Denn wenn ich dich, meinen Gott, suche, dann suche ich das glückselige Leben. Ich will dich suchen, auf daß meine Seele lebe. Denn mein Leib lebt durch die Seele, und meine Seele lebt durch dich" (Bekenntnisse X 29). Es ist die Selbstreflexion eines seiner selbst vor Gott bewußten Menschen, der im Verlauf der fiebrigen Suche nach Befriedigung der eigenen Sehnsüchte in der eigenen Innerlichkeit Gott begegnet. Dieser Gott aber leuchtet auf als das vollkommene Glück des eigenen Lebens und der eigenen Geschichte, dem Augustinus nun entgegenstrebt mit der ganzen Unruhe der eigenen Existenz, weil er sich angerufen erfährt von Gottes suchender und hingebender Liebe. Zuvor aber bekennt Augustinus die Verlorenheit seines Suchens und die Vergeblichkeit seiner Sehnsüchte. Ja er bekennt schonungslos und offen die bis zur grundlosen Bosheit abstürzende Verwirrung seines Herzens: „Da sieh mein Herz, o Gott, sieh das Herz, dem du barmherzig geworden bist im tiefsten Abgrund! Dir soll es jetzt sagen, was es dort gesucht hat, wo ich ohne Grund so böse war, und der einzige Grund meiner Bosheit die Bosheit war. Schändlich war sie, aber ich liebte sie; ich liebte es, zugrunde zu gehen; ich liebte mein Versagen. Nicht die Sache, in der ich versagte, liebte ich, nein, sondern das Versagen selbst. Meine häßliche Seele sprang von deinem geordneten Kosmos ins Chaos hinab, sie verlangte nicht in Schande nach etwas, sondern nach der Schande selbst" (Bekenntnisse II, 9). Diese Worte schonungsloser Offenheit werden in der abendländischen Geistesgeschichte eine ungeheure Sprengkraft entfalten: Ein Mensch tritt vor sich selbst und bekennt die eigene Bosheit. Was dort bei Augustinus geschieht, läßt sich noch, gleichsam im Kontrast, ablesen am Beginn der „Bekenntnisse" des Jean-Jacques Rousseau von 1770, der wie ein fernes Echo auf Augustinus und doch jetzt ganz anders und selbstbewußt gegen Gott anhebt: „Ich plane ein Unternehmen, das kein Vorbild hat und dessen Ausführung auch niemals einen Nachahmer finden wird. Ich will vor meinesgleichen einen Menschen in aller Wahrheit der Natur zeigen, und dieser Mensch werde ich sein. Einzig und allein ich. Ich fühle mein Herz – und ich kenne die Menschen. Ich bin nicht gemacht wie irgendeiner von denen, die ich bisher sah, und ich wage zu glauben, daß ich auch nicht gemacht bin wie irgendeiner von allen, die leben. Wenn ich nicht besser bin, so bin ich doch wenigstens anders. Ob die Natur gut oder übel daran getan hat, die Form zu zerbrechen, in der sie mich gestaltete, das wird man nur beurteilen können, nachdem man mich gelesen hat. Die Posaune des Jüngsten Gerichts mag erschallen, wann immer sie will, ich werde vor den höchsten Richter treten, dies Buch in der Hand, und laut werde ich sprechen: „Hier ist, was ich geschaffen, was ich gedacht, was ich gewesen. Mit gleichem Freimut habe ich das Gute und das Böse gesagt. Vom Bösen habe ich nichts verschwiegen, dem Guten nichts hinzugefügt, und sollte es mir widerfahren sein, irgendwo im Nebensächlichen ausgeschmückt zu haben, so ist es niemals aus einem anderen Grunde geschehen, als um eine Lücke auszufüllen, die mein Gedächtnis verursacht hat. Ich habe für wahr halten dürfen, was meines Wissens hätte wahr sein können, niemals aber etwas, von dem ich wußte, daß es falsch sei. Ich habe mich so gezeigt, wie ich gewesen bin: verächtlich und niedrig, wo ich es war, und ebenso edelmütig und groß, wo ich es war: ich habe mein Inneres so enthüllt, wie du selber es geschaut hast, ewiger Geist. Versammle um mich die zahllosen Scharen meiner Mitmenschen, sie mögen meine Bekenntnisse anhören, mögen ob meiner Schändlichkeiten seufzen und rot werden ob meiner Schwächen. Jeder von ihnen entblöße am Fuß deines Thrones sein Herz mit derselben Wahrhaftigkeit, und wer von ihnen es dann noch wagt, der mag ruhig hervortreten und sprechen: Ich war besser als dieser Mann dort"

(Leipzig 1971, 37). Ähnlich in der Art, aber eben doch ganz anders im Inhalt Augustinus: Nicht Rechtfertigung oder Verweis auf die ihm eigentümliche Natur ist sein Ziel, sondern das Bekenntnis einer grundfalschen Liebe, zur Bosheit nämlich. Und das ist es, was ihn so bis ins Mark erschreckt: Daß der Mensch die Schande selbst, das Chaos, die Vernichtung lieben kann – wer könnte ihn davor bewahren? Für Augustinus ist die Begegnung mit der eigenen Seele die einzig wirklich notwendige Entdeckungsreise seines Lebens. Der Grundgedanke ist: Die Menschheit ist erlöst vom Zwang zum Bösen, aber ich, der konkrete Mensch, noch nicht! Erst die Taufe und das nachfolgende Leben aus der Taufgnade führen zur existentiellen Erlösung der einzelnen Person. Augustinus steht mit seiner Lebensgestalt für das bekennende Ringen um die Gutheit des eigenen Lebens. Das wahre Glück des Menschen steht im Mittelpunkt seines Denkens. Der Mensch, so seine errungene Überzeugung, lebt gemäß eigener Bestimmung und dementsprechend auf sein vollkommenes Glück hin, wenn er seiner innersten Wahrheit entsprechend lebt, nämlich Gott zu lieben: „Da der Mensch gemäß der Wahrheit lebt, lebt er nicht gemäß seiner selbst, sondern gemäß Gottes" (De civitate Dei XIV 4). Von Anfang an denkt Augustinus in der Spannungseinheit von Wahrheit und Liebe, beide aber sind durch die Erbsünde, durch die Verkehrung der Erkenntnis und des Willens gefährdet. Daher braucht es eine entschiedene Überwindung dieser naturhaften Selbstzentrierung des Menschen durch die Mühe einer reinen und uneigennützigen Liebe zu Gott. Nur so wird das Glück der ewigen Anschauung und Liebe Gottes erreicht. Die menschliche sehnsuchtsvolle Liebe zu Gott wird überhaupt erst ermöglicht durch die erste göttliche Liebe der *caritas*, schon in der Schöpfung und sodann in der Erlösung. Und jede menschliche Liebe zum Mitmenschen muß wiederum diese göttliche *caritas* abbilden und ihr nacheifern, wenn sie der ständigen Versuchung zur Verzwecklichung des Mitmenschen entgehen will. Erst dieses freie und absichtslose Lieben läßt den Weg aus der beständigen inneren Unruhe finden. Die Motivation des Strebens zur Gemeinschaft mit Gott ist dem Menschen vom Wesen und von der Schöpfung her innerlich; sie wiederzuentdecken hinter den falschen Strebungen und Neigungen ist die Bemühung der reinen Liebe; erst so gerät ein vollendetes Glück in der ewigen Liebe Gottes in den Blick. Gott ist selbst das glückselige Leben in Person, und das gute Leben ist ein solches, das irdisch diese Glückseligkeit anstrebt und vorbereitet, und zwar durch die Tugenden, die zur Vollendung des Menschseins anleiten. Die Liebe wird dann als Sinnspitze aller Tugenden begriffen, insofern nur der liebende Mensch Gott ähnlich wird, der vom Wesen her

Liebe ist. Und nur der Liebende wird das *frui deo*, das Genießen Gottes, das Augustinus als Inhalt der Ewigkeit bestimmt, auch wirklich genießen können. Denn, wie später Bonaventura unterstreicht: *beatitudo nihil aliud est quam summi boni fruitio* – „die Glückseligkeit ist nichts anderes als das Entzücken am höchsten Gut" (Itinerarium mentis in Deum I 1). Augustinus bewegt die Frage, wie der Mensch sei und wie er sein solle, um glücklich zu sein – und zwar auf ewig! Das glückselige Leben in der Anschauung Gottes – theologisch gesprochen: die *vita beata* in der *visio beatifica* – kann allein das wahre und endgültige Glück des Menschen sein. Denn der Mensch als Geist, der Raum und Zeit denkend überschreitet, vermag sein Glück nicht innerhalb der Grenzen von Raum und Zeit zu finden, also nicht im begrenzten irdischen Leben. Solange ein vollkommenes Glück in Raum und Zeit, in Selbstbestätigung und Bedürfnisbefriedigung, in den Kategorien der Endlichkeit also, gesucht wird, ist alles vergeblich und der Mensch verfehlt sich ständig. Allein die Ewigkeit Gottes vermag ihn zu sättigen. Daher ist, augustinisch gesehen, die Wahrheit der Existenz Gott zugleich die Wahrheit der individuellen menschlichen Existenz. Oder anders: Daß Gott ist und lebt, ist nicht eine bloße theoretische Aussage, sondern ist von höchster existentieller Bedeutung für mich und mein eigenes Leben. Daran hängt alles, buchstäblich wie an einem seidenen

Faden: Nur wenn Gott als ewige Liebe existiert und mir seine Existenz einsichtig wird, vermag mir mein eigenes Leben einen letzten und tieferen Sinn zu enthüllen. Alles hängt also letztlich davon ab, daß die Existenz Gottes geglaubt, als persönliche Wahrheit erkannt und angenommen wird. Augustinus benutzt dafür den Begriff des Herzens, so daß bei ihm geradezu von einer Ethik des Herzens die Rede sein kann: In der platonischen Tradition der Anziehungskraft des Eros stehend, wird Gott gedacht als ewige Liebe, als Ziel und Motiv des menschlichen Strebens. Erkennen aber kann nur, wer vom Eros berührt wird. Oder anders: Die Liebe muß wollen, ja, sie ist im Kern sogar eine Bewegung des Willens, sie muß sich und den anderen Menschen wollen – vollkommene Gutheit als Wahrheit eines jeden geglückten Menschenlebens. Voraussetzung dafür ist ein unbedingter Wille zur Lauterkeit und sodann ein durch beständige Übung gewachsenes Können. Karl Jaspers bringt diese ethische Spannung von Können und Sollen sehr schön in seinem Buch „Augustin" auf den Punkt: „Der augustinische Prozeß läßt sich in eine einzige Antithese fassen: Die Welt der Unfreiheit des Willens ist das Sollen, dem der Wille nicht folgt, ist das Wollen, das nicht vollbringt, sind die guten Vorsätze, die vor der Leidenschaft dahinschwinden, ist das Wollen, das nicht wollen kann, ist das Hören der Forderung, die zwar sagt: du kannst, denn du sollst, aber die

Schwäche des Nicht-Könnens ist, die sich doch als Nicht-Können nicht anerkennen darf. Die Welt der Freiheit tut sich auf, wenn die Liebe keines Sollens mehr bedarf, vielmehr vollbringt, ohne sich gute Vorsätze zu machen, durch ihre Wirklichkeit die Leidenschaften sich auflösen läßt. Diese Wirklichkeit kann, was sie will, weil ihr liebender Wille selbst das Können ist" (München 1976, 49). Diese Wirklichkeit aber ist nach christlichem Glauben Gott, in dem einzig die Freiheit zum Guten ist. Der Mensch hingegen sieht sich ständig und stets der Mühe der Unterscheidung der Geister, der Motive, der Ziele und Strebungen ausgesetzt. Erich Przywara macht, nicht zuletzt mit Blick auf das neuzeitlich-trotzige Bekenntnis des Jean-Jacques Rousseau, auf die inneren Gefährdungen einer sich vor Gott verschließenden menschlichen Subjektivität, auf den bösen Dämon menschlichen Selbstbewußtseins aufmerksam: „Aber es gibt auch durchaus die Dämonie einer ‚Endzeit-Subjektivität', d.h. ein solches Sich-hinein-Wühlen in den Jammer eigener und fremder Sündenhaftigkeit, daß Gottes Ehre und Größe dem Auge entschwindet, ja daß der Mensch anfängt, sich mit Berufung auf seine Sünde gegen Gott zu wehren, Gottes Nähe abzuwehren. Es ist die letzte und raffinierteste Selbstbehauptung: die Selbstbehauptung des zerknirschten Herzens. Und es gibt auch und durchaus die Dämonie einer ‚Erlösungs-Subjektivität', d.h. einen solchen sich ins Opfern versteifenden Heroismus, daß Gott als Licht und Liebe und Seligkeit dem Auge entschwindet und der Mensch noch eigensinniger Gott abwehrt, den eigentlichen Gott der Liebe abwehrt mit Berufung auf die Nacht des Kreuzes. Es ist die noch raffiniertere Selbstbehauptung: unter dem verführerischen Schein eines großmütigen Verzichtes auf Gottes Nähe das stolze Ausspielen des eigenen Heroismus gegen einen allzu lieben Gott" (Augustinisch, Freiburg/Br. 2000, 94).

Ein dritter Blick soll sich auf Blaise Pascal richten, den großen Mathematiker und Philosophen der Neuzeit, der in seinen bruchstückhaft überlieferten „Pensées" stets der Frage nach dem endgültigen und beständigen Glück des Menschen nachgeht. Präzis benennt er, vermutlich im Anklang an die „Betrachtung über drei Gruppen von Menschen" im Exerzitienbüchlein des hl. Ignatius von Loyola, drei Arten von Menschen: „Die einen, die Gott, dienen, nachdem sie ihn gefunden haben; die anderen, die sich bemühen, ihn zu suchen, da sie ihn noch nicht gefunden haben; und wieder andere, die dahinleben, ohne ihn zu suchen und ohne ihn gefunden zu haben. Die ersten sind vernünftig und glücklich; die letzten sind verrückt und unglücklich; die in der Mitte sind unglücklich und vernünftig" (Ausgabe von Fortunat Strowski, Nr. 16). Und wenig später notiert er nochmals zugespitzt: „Es steht außer Zweifel, daß es kein Gut gibt, ohne die Erkenntnis Gottes, daß man in dem Maße, in dem man sich ihr nähert, glücklich ist, und daß es das letzte Glück ist, ihn mit Sicherheit zu erkennen; daß man in dem Maße, in dem man sich von ihr entfernt, unglücklich ist, und daß das äußerste Unglück die Sicherheit vom Gegenteil wäre" (Nr. 17). Pascal ist der Denker einer Lebensführung und Ethik – heute würden wir vermutlich sagen: einer Spiritualität – des Konkreten, näherhin: der konkreten Existenz eines Menschen und seiner unausweichlich auf ihn zukommenden Lebensentscheidung – und dies im Angesicht des unausweichlichen und alles vernichtenden Todes. „Man braucht keine besonders erhobene Seele zu haben, um zu begreifen, daß es hier keine wahrhafte und ausdauernde Befriedigung gibt, daß alle unsere Freuden nur Eitelkeit sind, daß unsere Leiden ohne Ende sind, und daß uns schließlich der Tod, der uns in jedem Augenblick bedroht, in wenigen Jahren und unfehlbar vor die schreckliche Notwendigkeit stellt, in Ewigkeit ausgelöscht oder unglücklich zu sein" (Nr. 1). Aus dieser Erkenntnis erwächst für Pascal die Notwendigkeit eines endgültigen und vollkommenen Blickwinkels, aus dem heraus das eigene Leben vollkommen gut gelebt werden kann, einer Zentralperspektive des umfassenden Glücks: „Wie bei den Bildern, die man aus zu großer oder zu kleiner Entfernung betrachtet. Und es gibt nur einen einzigen Punkt, der die richtige Stelle ist. Die übrigen sind zu nahe, zu fern, zu hoch oder zu niedrig. Die Perspektive bestimmt ihn in der Malkunst, wer aber bestimmt ihn bei der Wahrheit oder bei der Moral?" (Nr. 305). Die Zeit Pascals ist die Neuzeit, in der Gott als Zentralperspektive eines individuellen Menschenlebens undeutlich geworden ist, aber nun bleibt auch die Vorstellung eines ewigen Glücks undeutlich und lebensfern, ist doch der Mensch vom Wesen her auf mehr ausgerichtet, als nur lange überleben zu wollen: „Die Gegenwart ist nie unser Ziel; die Vergangenheit und die Gegenwart sind unsere Mittel; allein die Zukunft ist unser Ziel. Deshalb leben wir nie, sondern hoffen auf das Leben, und da wir uns beständig bereit halten, glücklich zu werden, ist es unausbleiblich, daß wir es niemals sind" (Nr. 186). Aller Zweifel und alle Skepsis der Neuzeit hinsichtlich ewig gültiger und erkennbarer Wahrheiten kommt hier zur Sprache, und zugleich die feste Überzeugung Pascals, der Mensch, so wie er ist, sei nicht so, wie er sein solle und könne. Woran aber liegt es? Wo liegt die Wurzel der Verwirrung und Verirrung, zuletzt die Wurzel des Bösen? Es ist in der Sicht Pascals eine Abwendung von Gott und seiner Zentralperspektive, eine Haltung hinter allem äußeren Verhalten, die umschrieben werden könnte als der verzweifelte Versuch, in der Zeitlichkeit des eigenen Lebens ewiges Glück zu suchen, mehr noch: erzwingen zu wollen und herzustellen. Ewiges Glück aber ist ewige Liebe, demnach wäre die im Menschen keimende und vielfältig zum Exzeß kommende Ursünde: in der Zeit ewige Liebe (und sei es mit Gewalt) zu erzwingen. Der Ausdruck Zeitlichkeit meint hier: Das Selbst, dieser oder jener konkrete Mensch sucht radikal alles, auch sich selbst, den Zwecken der eigenen raum-zeitlichen Existenz unterzuordnen. Erst wo dieses berechnende Kosten-Nutzen-Kalkül aufgebrochen wird, wo der Raum der austauschenden und immer bilanzierenden Gerechtigkeit überschritten wird hin zur selbstlosen Liebe, gewinnt das Leben eines Menschen die Ahnung eines mathematisch nicht mehr berechenbaren Glücks. Die tiefste Natur des Menschen besteht in der Sicht Pascals gerade in der Notwendigkeit, sich selbst und damit den alten Adam auf Gott hin zu überschreiten. Gelingen kann dies jedoch nur im Anblick dieses Gottes, der zur Selbstüberschreitung auffordert: im Anblick Jesu Christi. Erst dieses Aufleuchten des göttlichen Ideals geglückten Menschseins in menschlicher Realität und Geschichte, erst die Offenbarung Gottes in Jesus Christus wandelt das Sollen um zum Können. Erst die Offenbarung Gottes in der Geschichte und im menschlichen Fleisch vermag die menschliche Natur zu provozieren hin zu ihrer eigenen Überwindung – das ist der zentrale Gedanke Pascals. Denn der auf Gottes Ewigkeit bezogene Geist des Menschen ist nach dem Verlust der Gnade des Anfangs und der paradiesischen Gemeinschaft mit Gott nicht mehr einfachhin Natur, wie Rousseau pathetisch meint: vielmehr hat sich der Mensch jenseits von Gott und jenseits von Eden in einer Kultur der Selbsterhaltung um jeden Preis eingerichtet. Das eigentliche Selbst liegt ständig verborgen hinter einer schillernden Maske aus durchaus wechselnden Eigenschaften und Gestimmtheiten. Wie soll da Liebe zum Menschen oder gar Berührung der Seele eines anderen Menschen möglich sein, wenn sich das Ich eines anderen Menschen ständig entzieht? Pascal bringt es schier verzweifelt auf den Punkt: „Wo ist also dieses Ich, wenn es weder im Körper noch in der Seele liegt? Und weshalb liebt man den Körper oder die Seele, wenn nicht wegen ihrer Eigenschaften, die nicht das sind, was das Ich ausmacht, da sie vergänglich sind? Denn würde man die Substanz der Seele eines abstrakten Menschen, gleichgültig was sie für Eigenschaften hätte, lieben? Das ist unmöglich und wäre ungerecht. Also liebt man niemals die Person, sondern immer nur die Eigenschaften" (Nr. 323). Erst die Offenbarung Gottes und der davon provozierte Sprung des menschlichen Geistes aus der Verfallenheit an Raum und Zeit erlauben eine zutiefst menschliche Selbstwerdung und ein in letzter Sicht geglücktes Leben. Oder anders: Geglückt ist ein Leben dann, wenn es auf die bedingungslose Liebe Gottes bedingungslos in Liebe antwortet.

Ein vierter Blick auf das Glück sei mit Immanuel Kant gestattet. Für ihn ist die leitende Frage nicht mehr aristotelisch „Was ist ein gutes Leben?", sondern nun: „Was soll ich tun? Was darf ich hoffen?" Der Inhalt der Glückseligkeit ist jetzt ganz innerweltlich „die Befriedigung aller unserer Neigungen" (Kritik der reinen Vernunft B 834), zuletzt und vornehmlich die Befriedigung der menschlichen Neigung nach Fortdauer. Daher ist der Begriff der Glückseligkeit, als bloße Idee des Verstandes und auf der Einbildungskraft der Sinne beruhend, nicht mehr imstande, als Ausgangspunkt oder als Maßstab für ein lebenstaugliches Gesetz zu dienen. Kant unterscheidet scharf zwischen materialer (aus den Sinnen stammende) und formaler (vom Intellekt angestrebte) Glückseligkeit einerseits und zwischen Triebfeder und Ziel andererseits. Zwar ist das Ziel des Menschen die ewige Glückseligkeit, die Triebfeder aber darf allein die Pflicht eines reinen guten Willens sein, um jeden Anschein von selbstbezüglichem Egoismus von vornherein auszuschließen. Dann aber braucht es die Verbindung von Pflicht und Glückseligkeit im Postulat der Existenz Gottes, denn sonst bliebe die Triebfeder ohne inneren Antrieb. Anders gewendet: Wenn das Gute rein aus Pflicht und nicht aus Neigung getan werden soll, nicht also aus der Hoffnung auf himmlischen Lohn oder ewige Vollendung, dann muß trotzdem die Existenz Gottes gefordert werden, weil sonst kein Mensch bereit wäre, eigene Nachteile auf sich zu nehmen und selbstlos oder selbstvergessen das Gute zu tun. Ohne das Postulat der Existenz Gottes entfiele die Verbindlichkeit einer universalen Ethik. Denn, das weiß auch Kant, Sollen setzt Können voraus, und ohne die Aussicht auf Glückseligkeit wären die moralischen Gesetze wirkungslos und bloße Hirngespinste. Gott bleibt also notwendig, um durch die Hoffnung auf Glück ein gutes Leben wagen zu können. „Ohne also einen Gott und eine für uns jetzt nicht sichtbare, aber gehoffte Welt sind die herrlichen Ideen der Sittlichkeit zwar Gegenstände des Beifalls und der Bewunderung, aber nicht Triebfedern des Vorsatzes und der Ausübung, weil sie nicht den ganzen Zweck, der einem jeden vernünftigen Wesen natürlich und durch eben dieselbe reine Vernunft a priori und notwendig ist, erfüllen" (Kritik der reinen Vernunft B 841). Religion erscheint dann nurmehr als eine Hoffnung der Vernunft, für ein moralisch einwandfreies Leben im Jenseits entschädigt zu werden. Der Begriff der personalen Liebe Gottes aber, der aus christlicher Sicht die Sinnspitze der Ethik bildet, ist weitestgehend verblaßt. Gott wird zum Gegengift einer Angst vor verpaßtem Lebensglück – daß er das Ziel eines liebenden Herzens ist, scheint vergessen.

Ein letzter Blick schließlich soll Romano Guardini und seiner Bestimmung von Glück gelten. Um objektives Gut und subjektive Gutheit auf einen Begriff zu bringen, verwendet Guardini gern den Begriff des Wertes. Damit soll die Attraktivität des objektiv Guten für das subjektive Streben eines Menschen nach geglücktem und gelungenem Leben ausgedrückt werden. Der Wert nämlich ist ein stark bewertetes, existentiell begriffenes Gut. In klassischer Tradition ist dieses absolut Gute identisch mit der Wahrheit einer Person: Das Gute ist die Wahrheit des Seienden und seines Handelns. Wahrheit gewinnt so praktische Relevanz; Gutheit muß sich oft mühsam übersetzen in richtige Entscheidungen des Alltags, und erst so wird aus dem Wahren das Richtige. In solcher Sicht ist ethische Wahrheit niemals einfach nur eine mathematisch erhebbare Sachwahrheit, sondern eine in das eigene Leben zu übersetzende Sinnwahrheit. Und es handelt sich, vor aller konkreten ethischen Weisung, um die freie und dankbare Einsicht eines Menschen in die eigene persönliche Lebenswahrheit. Eine solche letzte Wahrheit des eigenen Lebens, die als gelungenes Ideal vor dem inneren geistigen Auge steht, bildet den letzten und nicht weiter hintergehbaren Anspruch an die eigene Freiheit, dieses Ideal durch alle konkreten Situationen des Lebens hindurch zu ergreifen und zu verwirklichen. Romano Guardini deutet dieses Streben der Person nach letzter und absoluter Wahrheit einer größeren Liebe in platonischer Tradition als Eros: als geschaffene und vom Zwang der Verzweiflung und Vergeblichkeit erlöste Neigung des Menschen zu Gott, dem höchsten Glück. Auf dem Hintergrund der katholischen Lehre von Sündenfall und Erbsünde ergibt sich, durch Augustinus inspiriert, dann eine ganzheitliche Sicht von Ursprung und Vollendung des Menschen: Der menschliche naturale Eros, sein grundlegendes Streben also, ist verstört und aus der Bahn geworfen durch die Ablehnung des Paradieses. Paradies meint „die Umwelt des Menschen, der so ist, wie Gott ihn gewollt und geschaffen hat; die Umwelt des Menschen, der im ursprünglichen Einvernehmen mit Gott, das heißt, in der Gnade des Anfangs lebt" (Die Existenz des Christen, Paderborn 1977, 103). Das Wort „Anfang" ist für Guardini sehr wichtig; er sieht darin all jenes gebündelt, was von Gott als Ideal und Ursprung gedacht war für den Menschen. Dieser Anfang, von Gott gesetzt und geschenkt als Raum der Liebe und des Lebens, wird vom Menschen verlassen. In dem Maße, in dem Gott als der andere und damit als möglicher Konkurrent im Lebensraum mißverstanden wird, in dem Maße, in dem folgend auch der eigene Bruder als Konkurrent im Kampf um den Platz an der Sonne angesehen wird, beginnt die Revolte des Menschen gegen Gott und sein schleichender, aber entschiedener Auszug aus dem Paradies. Es ist zutiefst Absage an die absolute Liebe Gottes, die doch den Lebensraum und die Lebensgestalt des Menschen erfüllen sollte. Verbunden damit ist die Ablehnung der Geschöpflichkeit, die Ablehnung des Dankes, zuletzt die Ablehnung einer verdankten Annahme seiner selbst und der eigenen Existenz. So gesehen stellt sich die Ursünde des Menschen in der Tat, wie es die gesamte kirchliche Tradition ausdrückt, als Ungehorsam dar, dies aber in einem existentiellen Sinn. Es ist ein Ungehorsam der Verweigerung des von Gott gesetzten und geschenkten Seins, letztlich Verweigerung der von Gott gewährten Freiheit zum Guten allein (wie es auch dem Wesen Gottes entspricht, der die Wahlfreiheit zwischen Gut und Böse nicht kennt) und stattdessen Wahl der Freiheit zwischen Gut und Böse. Dies zu verhindern, war eigentlich der Sinn dessen, was die biblische Schöpfungserzählung „Paradies" nennt. Indem Gott sich neu und erlösend in der Offenbarung seines Sohnes und fortsetzend in der Kirche zu erkennen gibt, wird er jetzt neu und gnadenhaft zum Ziel des nach vollkommener Erfüllung und vollendetem Heil strebenden Menschen. Das Gute in Person, Gott, kann als Glück des eigenen Lebens und der eigenen Person erkannt werden. Der gute Gott wird für den Menschen zum Ernstfall der eigenen Selbstverwirklichung. Und es kann jetzt durch ein menschliches Leben hindurch jene ethische Freiheit wachsen, die Rückkehr zur ursprünglich geschenkten Freiheit des Paradieses ist und zugleich deren Überschreitung. Solche Freiheit bleibt freilich, wie jedes irdische Glück, unvollkommen und daher ausgespannt auf die Hoffnung ewiger Vollendung. In seinem schönen Buch „Freiheit – Gnade – Schicksal" notiert Romano Guardini über jene Freiheit der Liebe: „Sie wird um so größer, je vollkommener der Mensch die Forderung des Guten erkennt, je tiefer aus der Gesinnung heraus er sie bejaht, und je reiner sein Tun ins Sein übergeht, zur Tugend wird. Ihr Ziel, auf Erden nie erreicht, ist der Mensch, der nicht nur von Mal zu Mal in sittlicher Freiheit handelt, sondern sittlich frei ist, eine sittliche Natur errungen hat, deren Tun leicht und mit schöner Selbstverständlichkeit aus dem gereinigten Wesen hervorgeht – bis zu jener Vollendung im Lichte Gottes, welche die Theologie das *non posse peccare*, die Unmöglichkeit des Unrechttuns nennt" (München 1979, 57). Rein menschlich betrachtet ist dies ein schieres Wagnis: So leben, als gäbe es Gott und seine unverbrüchliche Liebe. So leben, als sei man schon angekommen in jenem Raum Gottes, in dem alles Fragen nach Lohn und Aufwand und Mühe erstorben ist. So leben, als sei die ewige Liebe Gottes zur eigenen Person das einzig denkbare Glück. Denn diese Liebe ist die Wahrheit des eigenen Lebens, und das letzte Glück wäre es, diese Wahrheit erkennen und leben zu dürfen. Am 1. August 1964 notiert Romano Guardini in sein Tagebuch: „Heute nacht, aber es war wohl morgens, wenn die Träume kommen, dann kam auch einer zu mir. Was darin geschah, weiß ich nicht mehr, aber es wurde etwas gesagt, ob zu mir oder von mir selbst, auch das weiß ich nicht mehr. Es wurde also gesagt, wenn der Mensch geboren wird, wird ihm ein Wort mitgegeben, und es war wichtig, was gemeint war: nicht nur eine Veranlagung, sondern ein Wort. Das wird hineingesprochen in sein Wesen, und es ist wie das Paßwort zu allem, was dann geschieht. Es ist Kraft und Schwäche zugleich. Es ist Auftrag und Verheißung. Es ist Schutz und Gefährdung. Alles, was dann im Gang der Jahre geschieht, ist Auswirkung dieses Wortes, ist Erläuterung und Erfüllung. Und es kommt alles darauf an, daß der, dem es zugesprochen wird – jeder Mensch, denn jedem wird eins zugesprochen – es versteht und mit ihm ins Einvernehmen kommt. Und vielleicht wird dieses Wort die Unterlage sein zu dem, was der Richter einmal zu ihm sprechen wird" (Berichte über mein Leben, Düsseldorf 1985, 20).

Das christliche Bild vom vergeistigten Glück

Wenn von Bild gesprochen wird, steht immer ein Urbild und ein Abbild vor Augen: Ein Bild bildet etwas ab, es erfindet nicht einfach etwas, sondern bringt eine Idee oder einen Gedanken oder gar eine erinnerte Wirklichkeit zum Ausdruck. Nicht anders ist es, wenn vom christlichen Menschenbild die Rede ist: Gedacht ist an ein Urbild von gelungenem und vollendet glücklichem Menschsein, an eine ursprüngliche Idee, an ein Glück im Anfang. „Im Anfang schuf Gott" heißt es geradezu programmatisch am Anfang des Buches Genesis und damit am Anfang der Schöpfungsberichte. Dahinter steht die uralte Frage: Müssen wir den Menschen einfach so nehmen und empfinden, wie er ist und wie er sich zeigt, tagtäglich und in all den kleinen und großen Schrecknissen des Alltags? Ist das unser einziges Bild vom Menschen, jener Mensch, der, nach dem berühmten Wort von Thomas Hobbes, dem

Menschen einfach nur Wolf ist, ohne freilich von der Natur noch mit der wölfischen Beißhemmung gesegnet worden zu sein? Kann und darf das täglich von den Medien wiedergekäute Bild vom konkurrierenden und sich mit Gewalt durchsetzenden Menschen das letzte Bild sein? Oder speichert das kulturelle und religiöse Gedächtnis der Menschheit auch noch ein anderes Bild und eine andere Idee vom Menschen? Und wenn ja: Was genau für ein Urbild vollkommen geglückten Menschseins speichert das christliche Gedächtnis? Und die Frage, kaum gestellt, spitzt sich schnell zu auf die religiöse Überlieferung des jüdisch-christlichen Raumes: Wird nicht in der mythischen Erzählung vom ursprünglich gelungen gedachten Leben des Menschen in der naturhaften Harmonie des Gartens Eden das Bild eines vollkommenen Glücks überliefert? In der jüdischen Überlieferung war dieses ursprüngliche Glück zutiefst und untrennbar mit der Person Gottes, des Schöpfers, verbunden: Daß Gott schafft, ist geradezu seine innerste Wesensart. Gerhard von Rad unterstreicht: „Das Verbum, das hier verwendet wird, ist ein Fachwort der theologischen Priestersprache und wird ausschließlich von dem göttlichen Schaffen verwendet" (Theologie des Alten Testaments, Bd. I, München 1966, 155). Mit diesem Schaffen aber ist Wollen verbunden, und zwar als erste Bewegung der Liebe: Am Anfang steht Gottes Wille zu Welt und Mensch. Das Christentum übernahm diese Sicht eines am Anfang von Gott geschaffenen Glücks in der Gestalt der jüdischen Schöpfungserzählung. Es übernahm freilich auch die Erzählung vom Zerbrechen dieses Glücks und dieses vollkommen gelungenen Lebens in Form des Sündenfalls und der nachfolgenden Vertreibung aus dem Paradies. Und es übernahm schließlich auch die Erzählung von den fatalen Folgen jenes Auszugs aus der Lebensgemeinschaft mit Gott: Am Anfang aller Verstörung steht der Brudermord von Kain an Abel, jene vielleicht verstörendste aller menschlichen Erfahrungen von Bosheit, nämlich die Ermordung des eigenen Bruders aus bloßer Angst um den eigenen Platz an der Sonne. Was dann folgt in der Tradition des Alten Testamentes, ist der vergebliche Versuch, jenes verlorene Glück jenseits des Paradieses wieder zu finden, es durch Macht oder Herrschaft, durch List oder Gewalt, letztlich immer durch irdische Mittel zu erreichen. Was folgt, ist freilich auch und parallel dazu die Bemühung um Ordnung und Recht und Gesetz, denn das menschliche Zusammenleben braucht nach dem Brudermord von Kain an Abel vielfältige Sicherungen und Sanktionen. Im Verlauf dieser alttestamentlichen Erzählungen von der Mühe Gottes und der Bemühung des Menschen wird mehr und mehr deutlich: Gesetz und Recht können erstellt werden, und es kann anfanghaft gesichert werden, daß niemand ermordet, bestohlen, belogen oder sexuell vergewaltigt wird. Was nicht gesichert werden kann, ist das vollkommenste Glück eines Menschen: Nicht einfach nur gerecht und gesetzeskonform behandelt zu werden, sondern geliebt zu werden. Das wird zum Kern des christlichen Glaubens: Daß zum Glück des Menschen mehr gehört, als nur Gesetzesgerechtigkeit und Befriedigung der Grundbedürfnisse. Daß zum Glück des Menschen die absolute und unbedingte und letztlich immer unerwartete (obschon erhoffte) Liebe gehört – und daß diese nur von Gott als dem unbedingten Sein schlechthin kommen kann. Joseph Ratzinger bringt dies in seiner „Einführung in das Christentum" sehr schön auf den Punkt: „Der Mensch kommt zutiefst nicht zu sich selbst durch das, was er tut, sondern durch das was er empfängt. Er muß auf das Geschenk der Liebe warten, und Liebe kann man nicht anders denn als Geschenk erhalten. Man kann sie nicht selber, ohne den anderen ‚machen'; man muß auf sie warten, sie sich geben lassen. Und man kann nicht anders ganz Mensch werden, als indem man geliebt wird, sich lieben läßt. Daß die Liebe des Menschen höchste Möglichkeit und tiefste Notwendigkeit in einem darstellt und daß dies Nötigste zugleich das Freieste und Unerzwingbarste ist, das bedeutet eben, daß der Mensch zu seinem ‚Heil' auf ein Empfangen angewiesen ist. Lehnt er es ab, sich solchermaßen beschenken zu lassen, zerstört er sich selbst. Eine sich selbst absolut setzende

Aktivität, die das Menschsein allein aus Eigenem leisten will, ist ein Widerspruch zu seinem Wesen" (München 1971, 193). Es ist letztlich unmöglich, das vollkommene menschliche Glück, jene Erfahrung geschenkter und unverdienter Liebe nämlich, zu konstruieren oder zu erzwingen. So steht im Lauf der alttestamentlichen Überlieferung immer deutlicher vor Augen, daß das verlorene Paradies wirklich ein Ort der reinen und unbedingten Liebe Gottes war – und daß diese Liebe der rohen Gewalt oder bestenfalls der kalten staatlichen Gesetzesgerechtigkeit gewichen ist. Festgehalten freilich wird an dem Bild einer ursprünglich guten Schöpfung Gottes und an der Vorstellung, jeder Mensch strebe im Grunde seines Herzens nach dem vollkommenen Glück. Dies wird später Thomas von Aquin meisterhaft so zusammenfassen und damit den Kern des Naturrechtes umreißen: „Es unterliegt nicht dem freien Willen, daß wir glücklich sein wollen, sondern dies gehört zur naturhaften menschlichen Neigung" (Summa Theologiae I 19, 10). Modern ausgedrückt heißt dies: Jeder Mensch geht natürlicherweise aus von seiner völlig unbezweifelbaren und unanfechtbaren Würde als Mensch, christlich gesprochen: als Geschöpf und Ebenbild Gottes. In diesem Punkt kommen alle religiösen Traditionen überein: Weder Welt noch Mensch befinden sich im Zustand des vollkommenen Glücks, sondern im Raum größeren oder kleineren Unheils. Und gesucht wird nach Auswegen aus diesem Unheil, nach Wegen der Erlösung vom Bösen und nach Aussicht auf ein unvergängliches Glück.

Noch ein Wort zum Bild, da doch der Mensch nach dem Zeugnis der Schrift als Gottes Abbild geschaffen wurde. Von Dostojewski wird berichtet, bei jedem seiner Besuche in Dresden habe er oft stundenlang im Zwinger vor Raffaels Bild „Sixtinische Madonna" gesessen und einst auf die verwunderte Frage eines Museumswärters, warum er denn immer so lang dort sitze, geantwortet: „Damit ich nicht am Menschen verzweifle!" Dies genau ist gemeint mit der erlösenden Erinnerung an ein Urbild: Nur so kann der schleichend anwachsenden Verzweiflung über sich und den Mitmenschen gewehrt werden, nur so bleibt die Hoffnung auf eine gute und geglückte Vollendung lebendig.

Glück im Schatten des Unglücks – so könnte man das christliche Verständnis vom Glück etwas salopp zusammenfassen. Noch salopper, aber im Grunde nicht ganz falsch auf den Punkt gebracht hat dies einmal der Münchner Kabarettist Karl Valentin: „Der Mensch an sich ist gut – aber er wird immer seltener!" Das heißt doch: Es fehlt unserer Hoffnung auf ein geglücktes und liebendes Menschenleben schlicht und einfach oft an lebendigem Anschauungsmaterial. Die Wirklichkeit und die Verhältnisse sind nicht so, wie wir das gern glauben möchten. Und allmählich, still und leise lassen wir ermüdet und erschöpft vom tagtäglichen Kleinkrieg die Hoffnung auf das Gute im Menschen mit einem letzten resignierten Seufzer fahren ... Dagegen steht das christliche Bild vom Paradies, das Bild der Idealität und der ursprünglichen Gottesebenbildlichkeit des Menschen. Anders und in abstrakter Sprache gesagt: Der Kern des Menschen ist gut infolge der Teilhabe an Gottes vollkommener Gutheit. Der Mensch ist somit von seinem Wesen her auf das Gute, auf das höchste Gut, auf das vollkommene Glück, also auf Gott hin ausgerichtet. Man kann sogar nochmals anders sagen: Eigentlich existiert nur das Gute, das Böse gibt es eigentlich nicht, es ist bei Licht besehen nur, wie die scholastische Theologie unterstreicht, *privatio boni*, also Abwesenheit von Gutem – was der Grausamkeit des Bösen keinen Abbruch tut, tröstlich aber doch ist im Blick auf eine mögliche Überwindung des Bösen! Die Gottebenbildlichkeit des Menschen verwirklicht sich durch seine geistigen Tätigkeiten. Gerade durch diesen Bezug zu einem vergeistigten Glück, das die Welt der Dinge und der Materie bei weitem überschreitet, überragt der Mensch den Bereich einer empirisch faßbaren Natur und hat durch seine Möglichkeit zum vollkommenen Guten eine Sonderstellung im Kosmos inne. Diese Möglichkeit zum umfassend Guten und zum wirklichen Glück des Lebens ist freilich stets gefährdet und bedarf der ständigen Ermunterung und Ermutigung, ganz im Sinne des großen Spötters Wilhelm Busch: „Tugend will ermuntert sein, Böses kann man von allein!" Der Mensch nämlich erlebt sich als durch die Ursünde und die Erbsünde immer schon geprägt und in seiner Freiheit zum Guten eingeschränkt: individuell, durch Charakter und Veranlagung, aber auch sozial durch Herkunft oder Umfeld. Die Schöpfung Gottes und die innerste Wesensnatur des Menschen ist beschränkt durch die faktisch zur Natur des Menschen gehörende Fähigkeit zu Verwirrung und Sünde, zur Verfehlung und zum Bösen. Daher muß diese ursprüngliche und wesenhafte, jetzt gebrochene und individuell höchst unterschiedlich vorhandene Freiheit zum Guten und Besten gefördert und angereizt werden. Und das genau ist in augustinischer Sicht die Aufgabe des Staates, und, so würden wir in der Moderne hinzufügen, auch die Aufgabe der Wirtschaft: Anreizsysteme zu schaffen, um wenigstens das Gerechte und Richtige zu verwirklichen, die guten Strebungen zu fördern, den Versuchungen zum Bösen dagegen zu wehren. Hier liegt der letzte Sinn aller staatlichen Gerechtigkeit, die ja im Vergleich zur wahren göttlichen Gerechtigkeit, die den Namen Liebe trägt, doch nur ein höchst unvollkommenes Abbild bietet, das dennoch als moralischer Grundwasserspiegel des menschlichen Zusammenlebens notwendig ist. Sehr deutlich wird dies an der Deutung des Staates bei Augustinus:

Der Staat unterscheidet sich von der Räuberbande gerade durch seine Bindung an die wahre Gerechtigkeit, also jedem Menschen das Seine, das ihm Zukommende, das Rechtmäßige zu geben, modern gesprochen: Grundrechte zu sichern und zu erhalten. Vollkommene Gerechtigkeit freilich als vollkommene Liebe kann auch der beste Staat der Welt nicht herstellen, sondern nur fördern – Bedürfnisse können abgesichert, Ideale nur erhofft und geschenkt werden. Der Mensch ist, nach dem berühmten Wort von Friedrich Nietzsche, „das nicht festgestellte Thier", soll heißen: Dem Menschen fehlen instinktive und unfehlbare Steuerungen zum Guten und Besseren, er hat eine fatale Neigung zu Selbst- und Fremdzerstörung, er hält oft und allzu lange ein scheinbar Gutes für ein wirklich Gutes und verstrickt sich auf der Suche nach dem Guten im nur scheinbar Guten, im Vorletzten, im Geschaffenen – und auf Dauer im Bösen, verstanden als tiefgehende Selbstzerstörung des eigenen Wesens, und in der Sünde, verstanden als Leben ohne Gott. Oder mit den Worten Johannes Pauls II. aus dem Apostolischen Schreiben „Reconciliatio et paenitentia" von 1984: „Sündigen ist, so zu leben, als ob Gott nicht existierte, ihn aus dem eigenen Alltag beseitigen" (Nr. 18).

Demgegenüber gipfelt das christliche Menschenbild in der zunächst vielleicht sehr weltfremd klingenden Behauptung, jeder Mensch sei nicht nur zum Glück, nicht nur zum vollendeten Heil, nein sogar zur Heiligkeit berufen. Das meint näherhin: Gott wird als höchstes Ideal guten und geglückten Lebens gedacht und in der Offenbarung im Glauben entgegengenommen – daher die Rede von der dreifaltigen und vollkommenen Liebe. Und der Mensch ist dazu berufen, wie Gott zu sein – nicht freilich durch eigene, vergebliche und sich verstrickende Anstrengung, sondern durch die Gnade und zuvorkommende Liebe Gottes. Das zunächst unscheinbare Wörtchen „wie" kennzeichnet eine ganz entscheidende Erkenntnis des Christentums, die Gedanken der sogenannten Analogie aufgipfelt: Nur Gott allein ist gut, alles andere ist in analoger Weise gut, also in abgeleiteter Weise und nur insofern es auf ihn hingeordnet ist. Es bleibt immer und überall der letzte Unterschied zwischen Schöpfer und Geschöpf. Wie Gott zu sein, ist nicht nur die Versuchung Adam und Evas im Garten Eden gewesen, es ist zugleich der uralte Traum des Menschen, seit es Menschen gibt. Denn „wie Gott zu sein", das heißt doch übersetzt in die Alltagssprache: befreit von zeitlicher Begrenzung und endgültigem Tod, von räumlichem Ende und lästigem Verzicht, von der belastenden Entscheidung für das Gute und gegen das Böse. Allein der Mensch – und dies ist eine zweite Grundaussage des Christentums – ist vom Wesen her Geist und daher fähig zu geistigen Akten (oder Tätigkeiten), die über den Bereich naturaler und empirischer Wirklichkeit hinausgehen. Allein der Mensch ist in der Lage zu lieben oder zu hassen, zu segnen oder zu verfluchen, zu vergeben oder zu verstocken. Das heißt aber auch: Nur der Mensch vermag über die Grenze seiner Existenz, seines Raumes und seiner Zeit hinaus zu denken. Und allein der Mensch stößt beim Nachdenken über das mögliche Beste auf die Möglichkeit Gottes, auf ein unüberbietbares Ideal, das Person ist und liebt. Oder mit den Worten Robert Spaemanns: „Freude am Glück eines anderen, so definiert Leibniz Liebe. Es gehört zum Begriff Gottes, ihn als glücklich zu denken und deshalb als gut" (Das unsterbliche Gerücht, Stuttgart 2007, 27). Gott wird vom Menschen gedacht als grundsätzliche Überwindung von Raum und Zeit, als Überschreitung der gewohnten menschlichen Möglichkeiten, als, in den Worten der mittelalterlichen Theologie, *ultimum potentiae,* also als das Letzte der menschlich denk- und ersehnbaren Möglichkeit. Dies aber bezieht sich nicht zuerst auf Möglichkeiten des Handelns, sondern vor allem auf die von Gott geschenkte eigene Lebenszeit. Mit anderen Worten: Gott wird begriffen als prägende Form der eigenen, immer auch als gebrochen empfundenen Lebensgeschichte. Das menschliche Leben wird mit Hilfe des Gottesbegriffes gedeutet und von Gott her als gelungen und geglückt betrachtet, und dies ungeachtet aller äußeren und inneren Grenzen und

Fragmente. Die verwirrende Vielfalt der Tatsachen und Begebenheiten, der Menschen und Schicksale, die den eigenen Lebensweg kreuzen, werden von Gott her betrachtet: nicht als zusammenhangloses Nebeneinander, sondern als von Gott zugeschickte Möglichkeiten des inneren Wachstums und der liebenden Zuwendung. So bündeln sich im Gedanken an Gott die äußerste Grenze des Könnens und das Beste der eigenen Möglichkeiten wie in einem Brennglas. So könnte der Begriff der Heiligkeit in den Blick kommen, der in der deutschen Sprache nicht zufällig an das Wort „heil" im Sinne von Ganzheit erinnert. Dann hieße Heiligkeit das beherzte Ausschöpfen der besten menschlichen Möglichkeiten im Vertrauen auf Gottes gütige Vorsehung, und dies als Gegenstück zum bloßen bitteren Verharren im Bruchstück, im Fragment, im Unvollkommenen. In der Religionsgeschichte der Menschheit nimmt solches umfassend gedachtes Glück allmählich den Namen Gott an, insofern vollkommenes Glück zuletzt doch nur im Angesicht einer Person gedacht werden kann. In der christlichen Offenbarung trägt dieses personale Glück den Namen und das Gesicht Jesu Christi.

Damit aber weitet sich der anfanghaft in allen Religionen bekannte Begriff der Heiligkeit eines ursprünglichen idealen Zustandes, den wir Paradies nennen können, aus zum typisch christlichen Gedanken der Heiligung im konkreten menschlichen Alltag. Denn in christlicher Sicht bildet der Mensch ja nicht einfach ein willenloses Werkzeug in den Händen eines weitgehend unbekannten und unverstandenen Gottes. Vielmehr ist der Mensch von Gott zur aktiven Mitarbeit an der liebenden Verwandlung der Welt aufgerufen; darin vollendet sich die persönliche Berufung zur Heiligkeit. Und das genau ist auch der Sinn der Taufe und der dort verliehenen Taufgnade: Berufung zur aktiven Heiligkeit, zum Aufbau einer Zivilisation der Liebe, wie man es in Anlehnung an den augustinischen Gottesstaat nennen könnte. Gottes Freiheit befreit den Menschen zum Guten, zum Besten, zum unberechneten Einsatz aller Kräfte und Mühen, zur unwiderruflichen Entscheidung für das Gute schlechthin. Im Hintergrund steht ein Bild von Freiheit, das man qualifiziert nennen könnte: Nicht alles zu können und zu wollen, ist wahre und vollkommene Freiheit, sondern allein das Gute zu können und zu wollen – das ist in Wahrheit die zum Leben führende Freiheit. Augustinus definiert dementsprechend mit Blick auf Gott Freiheit als *non posse peccare,* als die Unmöglichkeit zur Sünde. Erst ein solcher Freiheitsbegriff muß an der Grundlage jeder Kultur, jeder menschlichen Gemeinschaft und letztlich auch jedes Staates stehen. Denn ein Staat soll zwar, nach der berühmten Aussage der amerikanischen Unabhängigkeitserklärung, dem privaten „pursuit of happiness", also der Suche des Bürgers nach Glück nicht im Wege stehen, dies vielmehr fördern. Aber er darf und soll genauso qualifizierte Wege der Suche nach Glück fördern (etwa Ehe und Familie), wie auch eindeutig in Anarchie und Zerstörung führende Wege des nur scheinbaren Glücks verbieten (etwa Angriffe auf Leib und Leben der Mitmenschen). Ein Staat, der scheinbar neutral alle Freiheiten gleich achten und fördern wollte, zerstört auf Dauer sich selbst. Jeder Staat, der dem Menschen dienen und das wirklich Gute fördern will, muß der Freiheit auf Selbst- und Fremdzerstörung wehren, muß auch sanktionieren und strafen, muß die Freiheit zum Guten und Besseren fördern und anreizen. Nicht alles zu wollen, ist wahre Freiheit, sondern allein und auf Dauer das Beste zu wollen! Nicht Wahlfreiheit ist das höchste Ideal, sondern die entschiedene und freudige Freiheit zum Guten, zum Glück schlechthin in seiner bestmöglich denkbaren Form.

Thomas von Aquin, der die antiken Glückslehren aufgreift und in das Denken einer christlichen Theologie integriert, unterscheidet zwischen der *beatitudo perfecta* und der *beatitudo imperfecta*, also zwischen einem vollkommenen, auf Erden prinzipiell unerreichbaren Zustand des Glücks und einem unvollkommenen, irdisch möglichen Glück, unter den hiesigen Bedingungen von Raum und Zeit. Hierbei ist an ein kleines Glück gedacht, an das, was Odo Marquard „Glück im Unglück" (München 1995) oder „Vizeglück" nennt. Freilich ist der Unterschied zwischen einem kleinen Glück und einem kleinen Unglück oft kaum mit der Lupe zu sehen und verläuft in einer Grauzone: Wo und wann beginnt die Unvollkommenheit eines irdischen Glücks in schleichenden Selbstbetrug oder in unbewußten Selbstverrat auszufransen, wo und wann wird die Unvollkommenheit von Menschen und Beziehungen nur noch zynisch oder ironisch ertragen, wo und wann setzt ein fast unmerklicher Prozeß der Selbstverachtung ein, der immer mit der kaum eingestandenen Verachtung anderer Menschen beginnt? Übrigens: Der englische Dichter und Philosoph Clive Staples Lewis nennt diese mit Hochmut und Stolz gepaarte Verachtung der anderen in seinem Buch „Pardon, ich bin Christ", das zuerst 1942 unter dem Titel „Mere Christianity" erschien, die große Sünde schlechthin: „Nach Auffassung der großen Kirchenväter ist der Hochmut, der Stolz, die Schlimmste aller Sünden, das Böse an sich. Unkeuschheit, Jähzorn, Habgier, Trunksucht und ähnliches sind im Vergleich zu ihr nur Mückenstiche. Der Stolz brachte Luzifer zu Fall, der Stolz ist die Quelle aller Sünden. Er ist der Ausdruck völliger Gottferne. Wem dies übertrieben erscheint, der denke noch einmal darüber nach. Ich sagte bereits, je hochmütiger jemand sei, um so mehr werde er den Hochmut bei anderen verdammen. Will man feststellen, wie hochmütig man selbst ist, so muß man sich nur fragen: ‚Wie sehr kränkt es mich, wenn andere mich abweisen, mich übergehen, sich selber vordrängen, mich von oben herab behandeln oder sich aufspielen?' Das Problem besteht nämlich darin, daß der Hochmut jedes einzelnen im Wettstreit liegt mit dem Hochmut aller anderen. Ich wollte bei der Party selbst der Mittelpunkt sein – deshalb ärgert es mich so, wenn ein anderer es ist. Gleich und gleich gesellt sich nicht mehr gern. Das müssen wir festhalten. Der Stolz lebt wesensmäßig von der Konkurrenz mit den anderen, während bei den übrigen Lastern die Menschen gewissermaßen nur zufällig miteinander im Wettstreit liegen. Der Hochmut freut sich nicht an dem, was er hat, sondern daran, daß er mehr hat als ein anderer" (Basel 1986, 113). Das Problem der Sünde ist im Grunde der unmerkliche Beginn einer allmählich abschüssigen Ebene, deren unheilvolle Sogwirkung man erst mit Schrecken bemerkt, wenn es zu spät ist. Im Hintergrund der Schöpfungsgeschichte von Welt und Mensch steht ebenfalls der Begriff der Sünde. Vom Sündenfall über den Brudermord und die Sintflutgeschichte bis hin zum babylonischen Turmbau wird aus verschiedenen Perspektiven immer wieder beleuchtet, daß Menschen aus guten Schöpfungsordnungen heraustreten oder schier herausfallen. Der Begriff der Sünde gehört ohne Zweifel zu den erklärungsbedürftigen theologischen Begriffen, insbesondere, wenn im christlichen Glauben von Erbsünde die Rede ist. Wieder kann der Begriff des Urbildes oder des Anfangs eine Hilfe geben. Theologisch gemeint nämlich ist: Ursprünglich und als Anfang war der Mensch von Gott nur zum Guten hin, zur reinen und hingebenden Liebe geschaffen. Und dafür steht das Bild des Paradiesgartens: ein Paradies guten und geglückten Lebens. Wann aber ist ein Leben umfassend geglückt? Wenn es sich als vollkommen und unbedingt geliebt erfährt. Das drückt der Garten Gottes aus: Der Mensch soll im Bewußtsein der vollkommenen und unbedingten Liebe Gottes leben, der selbst unbedingt, jenseits aller Bedingungen von Raum und Zeit, also in dem, was wir Ewigkeit nennen, lebt. Die menschliche Freiheit war von Gott als zum Guten hin qualifiziert gedacht und geschaffen, freilich mit der innewohnenden Möglichkeit, zur bloßen Wahlfreiheit zwischen Gut und Böse hin abzusinken. Im Streben nach dieser Freiheit des Vergleichens, im Bestreben, alles kennenlernen zu wollen, auch das Schlechte und Böse, im Bestreben, Gottes Liebe (als die beste Liebe) zu vergleichen mit anderen Lebensformen, aus der geheimen Angst, etwas zu verpassen, verfällt der Mensch ganz am Beginn der Menschheitsgeschichte, sozusagen in den ersten Sekunden seiner Existenz, der Versuchung zum Zweit- und Drittbesten, bis hin zum wirklich Bösen, das im Brudermord von Kain an Abel seinen ersten schaurigen Höhepunkt erklimmt und seitdem in allen Jahrhunderten der Menschheitsgeschichte neue Gipfel der Brutalität und der Selbstzerstörung erreicht, bis hin zur industriellen Variante des Brudermordes im 20. Jahrhundert, in den Vernichtungslagern der nationalsozialistischen und kommunistischen Diktaturen. Es ist zutiefst christliche Grundüberzeugung, der Mensch, so wie er sich in der Wirklichkeit zeigt, sozusagen das *factum brutum,* das stumpfsinnige Vorkommnis Mensch, sei weder einfach gut noch böse, sondern hin- und hergerissen, und nur noch ein schwach flackerndes Abbild der ursprünglichen Gutheit und der anfanghaft geschenkten Gottebenbildlichkeit. Die Freiheit des Menschen war Abbild der Freiheit Gottes: frei, das Gute zu denken und zu tun. Aus dieser Freiheit fiel der Mensch hinaus, aus der Freiheit zum Guten wurde die Wahlfreiheit zwischen Gut und Böse mit mannigfaltiger Möglichkeit zu Verwirrung und Sünde. Seitdem irrlichtert die menschliche, nicht festgestellte und mit Mängeln fester Kriterien behaftete Freiheit über die weite Fläche alltäglicher Entscheidungsnot und ständiger Bedenklichkeit. Und die beständige Güterabwägung bei gleichzeitigem beständigem Zweifel an der grundsätzlichen Vergleichbarkeit von Gütern gehört fortan zur Not menschlicher Existenz. Im Alten Testament wird dies eindrucksvoll an einzelnen menschlichen Personen und ihren Entscheidungen verdeutlicht. Schon Kain stand vor der verwirrenden Frage: Ist es besser, unter Zurücksetzung zu leiden oder sich des Bruders als vermeintlichem Rivalen blutig aber wirkungsvoll zu entledigen? Oder König David (2 Sam 11): Ist es besser, auf die begehrte Ehefrau des Untergebenen zu verzichten oder sich diese Frau durch einen geschickt vertuschten Mord am rechtmäßigen Ehemann zu verschaffen? Oder König Ahab (1 Kön 21): Ist es besser, auf den begehrten Weinberg des Untertanen zu verzichten oder sich diesen Weinberg durch falsche Anklagen gegen den Untertanen und dessen Steinigung zu verschaffen? Kurzum: Das Bild des Glücks, des umfassend Guten und des wirklich gelungenen Lebens verschwimmt außerhalb des Paradieses, jenseits der Idealität, allmählich und wird durch den Sündenfall grotesk verzerrt. Wenn Thomas von Aquin daher festhält, das Wesen der Sünde bestehe im Kern in der „Abwendung von Gott und in der Hinwendung zum Geschaffenen", dann ist genau diese Ersetzung der freien und spontanen Hinwendung zum Guten durch die auswahlhafte Hinwendung zum Geschaffenen gemeint. Noch einmal anders gesagt: Die Motive und Zielsetzungen des Menschen werden kurzschlüssig und kurzsichtig, auf unmittelbare Bedürfnisbefriedigung statt auf die nachhaltige Verwirklichung von Idealen ausgerichtet. Albert Görres unterstreicht aus psychologischer Sicht mit Blick auf das menschliche Wollen: „Die pluralen Strebungen verlieren ihre Sammlung und Ordnung um Glauben, Vertrauen und Liebe. Sie entfalten eine Autonomie der Partialtriebe und entwickeln von daher eine unaufmerksame Rücksichtslosigkeit dem Wohl des Ganzen, dem Wohl des anderen und dem Willen Gottes gegenüber, der nur den Liebenden interessiert. Die Antriebe werden narzißtisch und egoistisch. Sie neigen zum gewaltsamen Sichdurchsetzen. *Philautia,* Eigenliebe bis zur Selbstsucht regiert das Reich der Antriebe, solange sie nicht geistgeordnet sind" (Psychologische Bemerkungen über die Erbsünde und ihre Folgen, in: Christoph Schönborn [Hg.], Zur kirchlichen Erbsündenlehre, Freiburg/Br. 1991, 18). Wiederum wird hier die ethische Aufgabe des Staates und jeder menschlichen Gemeinschaft deutlich: Ethische Rahmenrenregelungen können keine Liebe erzwingen, aber sie können und sollen das Schlimmste verhindern, eben durch Recht und Gesetz. Die kurzfristigen und egoistischen Eigeninteressen der Individuen müssen kanalisiert und zueinander vermittelt werden und so allmählich zum Guten und Gerechten gewendet und kultiviert werden. Eine solche Kultur mit dem Grundwert der universalen Gerechtigkeit wird zur tragfähigen Basis einer humanen Gesellschaft und zugleich zum Instrument einer gerechten Interessenvermittlung unter den Menschen. Dauerhaft und nachhaltig wird eine solche Kultur freilich nur bleiben, wenn sie gespeist wird aus dem Glauben an die Existenz umfassend gelungener Liebe als unvordenklichem Glück jeder menschlichen Existenz.

Wenn von Kultur des menschlichen Zusammenlebens die Rede ist, so meint dies eine Überschreitung der bloßen Natur und ihrer auf Überleben ausgerichteten Gesetze. Der Mensch verwirklicht sich und sein Leben im Raum gesellschaftlicher und staatlicher Ordnung und Zivilisation. Es bilden sich ethische Traditionen aus, die Wege zu wirklich gelungenem und geglücktem Leben erhoffen lassen. Insofern steht jede Kultur im Dienst an einer nach Vollendung strebenden menschlichen Natur, die jedoch nur schwach vorgezeichnete Wege zu dieser Vollendung in den Instinkten findet. Jede Form höherer Kultur entsteht daher durch eine Art von Vernunftrecht, das sich bei näherer Betrachtung als Naturrecht (christlich gesprochen: als Schöpfungsrecht) ausweist und anhebt mit der großen und universalen Einsicht der Goldenen Regel: Handle so, wie auch du behandelt werden möchtest! Es bleibt freilich die Gefährdung einer die ursprüngliche Natur bis zum Kern manipulierenden und zuletzt auslöschenden Kultur. Die Grenze zu bestimmen zwischen Ergänzung und weiterführender Deutung der Natur einerseits und der Zerstörung und Abschaffung der Natur des Menschen andererseits ist eine der vornehmsten Aufgaben der Ethik. Dies gilt insbesondere im Blick auf eine an Grundwerten des Lebens, der Wahrheit, des Eigentums und der Sexualität orientierten Kultur. Nicht zufällig sind hier die vier negativ formulierten Grundgebote des Dekaloges angesprochen. Mit diesen Geboten „Du sollst nicht töten!", „Du sollst nicht ehebrechen!", „Du sollst nicht stehlen!", „Du sollst nicht falsches Zeugnis geben!" (Ex 20) werden gleichsam die vier wesentlichen Lebensfelder jedes Menschen, unabhängig von Religion oder Herkunft, unabhängig also von seinem kulturellen Umfeld abgesteckt und für heilig, für unantastbar erklärt – und dies im Namen Gottes. Daß der Mensch von Natur aus diese Rechte habe, die ihm von keiner Kultur abgesprochen werden können, dies festzustellen und feierlich zu deklarieren ist paradoxerweise selbst wiederum eine Kulturleistung des Menschen. So gesehen bildet die Kultur die notwendige Ergänzung und Überformung einer in sich zerbrochenen Natur, die zwar noch schwache Erinnerung an das Beste, an das Paradies eines umfassend geglückten Lebens in sich trägt, die aber aus sich heraus nicht in der Lage ist, dieses Glück aus eigener Kraft zu erreichen. Aus dieser Sicht ist Rousseau zu widersprechen, wenn er mit seinem Ruf „Zurück zur Natur" die ursprüngliche Natur einfach wiederherzustellen können glaubt: Das Paradies ist auf Erden nur um den Preis empfindlichster Freiheitseinschränkungen zu errichten; sofern diese eben im Namen der Ideologie eines herzustellenden Paradieses eingefordert werden, ist der totalitäre Staat und das menschenverachtende Regime die natürliche Folge. Aber auch Thomas Hobbes mit seinem berühmt-berüchtigten Wort „Der Mensch ist dem Menschen ein Wolf" ist zu widersprechen, wenn die Natur des Menschen damit einfachhin für böse gehalten wird und nur durch staatlichen Zwang zu bändigen. Denn der Mensch strebt doch, unsicher zwar und aus krummem Holz geschnitzt, nach vollendetem Glück, und auf dieses Glücksstreben kann und muß er angesprochen werden. Dieses Streben liegt dem neuzeitlichen Begriff von Menschenwürde zugrunde: Das Streben jedes Menschen nach Glückseligkeit führt, in Anlehnung an Immanuel Kant, zu jener Variante des kategorischen Imperativs, wonach das zu tun ist, wodurch der Mensch würdig ist, glücklich zu sein. Was ist hier gemeint? Gedacht ist zunächst an eine objektiv vorgegebene Menschenwürde, die gewisse Gedanken und Handlungen immer und überall verbietet, weil sie dieser objektiven Würde des Menschen widersprechen. Daher unterstreicht Otfried Höffe: „Die Neigungen des Menschen sind übrigens nicht glücksunwürdig, vielmehr für sich genommen unschuldig. Nur die Mittel und Wege sind des Glückes würdig (z. B. Ehrlichkeit) oder aber unwürdig (z. B. Betrug)" (Kants Kritik der reinen Vernunft, München 2004, 294). Damit verbunden ist dann zugleich auch ein objektiver Begriff von Glück, etwa in dem ganz konkreten Sinn: Es ist jemand für glücklich zu halten, der für eine gute Sache leiden oder für einen anderen Menschen sterben darf. Die Menschenwürde bei Kant wie in der gesamten vorlaufenden Tradition ist universal und objektiv aufgefaßt, und jeder einzelne Mensch ist Repräsentant jener unveräußerlichen Menschenwürde, auch wenn er dies selbst kaum oder gar nicht zu sehen vermag. Diese objektive Menschenwürde aber geht nicht auf in den subjektiv empfundenen Würdigkeiten. Daher bedeutet eine solche Menschenwürde immer Recht und Pflicht zugleich. Es ist immer auch eine Zumutung an das Individuum gemeint, nicht und niemals der Verzweiflung an der eigenen scheinbaren Unwürdigkeit anheimzufallen, sich für nicht mehr liebenswürdig zu halten. Auch diese Einsicht muß eine wirklich humane Kultur fördern und stützen. Jede Kultur speichert würdige und unwürdige Mittel der Glücksgewinnung, und hierin liegt der Inhalt des Begriffs einer unveräußerlichen Menschenwürde, die jeder Staat und jede Wirtschaft zu respektieren hat. Es ist letztlich das Recht eines jeden Individuums auf eine würdige, seiner geistigen Vernunftnatur angemessene und entsprechende Suche nach vollkommenem Glück. Christlich gesprochen ist es noch mehr: Es ist das Recht eines jeden Menschen auf Gott, nein schärfer und zugespitzter noch: Es ist das Recht eines jeden Menschen auf Jesus Christus, in dem die Liebe Gottes zu jedem Menschen erscheint.

Für ein gutes und gerechtes Bild von Staat und Wirtschaft heißt dies zunächst: Dem Individuum und seiner gebrochenen, angefochtenen Freiheit zum Guten gehört der ständige Vorrang vor dem Kollektiv, der Person vor der Gesellschaft. Daher sprechen wir in der christlichen Sozialethik von Personalität, ergänzt um Solidarität und Subsidiarität, und wir betonen den absoluten Vorrang von Ehe und Familie als Keimzellen des Staates und jeder Gesellschaft. Denn die Person lebt zwar auf der Grundlage der staatlich garantierten Gerechtigkeit, aber in der Hoffnung auf Liebe, die der Staat nicht geben kann, die nur in Ehe, Familie und echter Freundschaft erfahren wird. Nicht der Staat hat vom Ursprung her Rechte, sondern jede Person hat unveräußerliche Grundrechte von Anfang an, und der Staat hat nur insofern recht (und besitzt daher das Gewaltmonopol), als er bedrohte Rechte von Personen schützen muß, gerade auch die Grundrechte der schwächeren Personen einer staatlichen Gemeinschaft, bis hin zum unaufgebbaren Lebensrecht der Ungeborenen und der Sterbenden. Jeder offenkundigen Unterjochung der Person durch einen philosophischen Utilitarismus, der nur noch ein größtmögliches Glück der größtmöglichen Zahl anstrebt, oder durch einen materialistischen Biologismus, der Mensch und Maschine identisch setzt, oder durch totalisierende Gesellschaftssysteme, die eine innerweltliche Utopie herbeizwingen wollen, ist daher entschieden zu widersprechen und zu widerstehen. Der christliche Glaube unterstreicht mit Vehemenz, jede einzelne

Seele eines jeden Menschen sei unsterblich, und das meint: sei dem letzten innerweltlichen Zugriff entzogen, sei in gewisser Weise ein Mikrokosmos, von dem aus erst die Heilung und Heiligung der Gesellschaft und der Welt beginnt – nicht aber umgekehrt! Der hl. Augustinus bemerkt daher am Beginn seiner kleinen Schrift „De vera religione" geradezu programmatisch: „Damit die Seele gesunde, wurde Gott Mensch!" (III 1). Gedacht ist an die Heilung einer inneren Verzweiflung und Hoffnungslosigkeit, die den Menschen innerlich absterben läßt, lange bevor ein äußeres Sterben eingesetzt hat. Benedikt XVI. verweist in seiner Enzyklika „Spe salvi" (Nr. 44) auf einen sehr schönen Text von Platon, der davon spricht, daß am Ende die Seelen nackt vor dem Richter stehen werden, und dann nicht mehr zählt, was sie einmal in der Geschichte waren, sondern nur das, was sie in Wahrheit sind: „Da hat er vielleicht die Seele eines (…) Königs oder Herrschers vor sich und sieht gar nichts Gutes an ihr. Er findet sie durchgepeitscht und voll von Narben, die von Meineid und Ungerechtigkeit stammen (…) und alles ist schief voll Lüge und Hochmut, und nichts ist gerade, weil sie ohne Wahrheit aufgewachsen ist. Und er sieht, wie die Seele durch Willkür, Üppigkeit, Übermut und Unbesonnenheit im Handeln mit Maßlosigkeit und Schändlichkeit beladen ist. Bei diesem Anblick aber schickt er diese sofort in den Kerker, wo sie die verdienten Strafen erdulden soll (…) Manchmal aber sieht er eine andere Seele vor sich, eine, die ein frommes und ehrliches Leben geführt hat (…); er freut sich über sie und schickt sie gewiß auf die Inseln der Seligen" (Gorgias 525a–526c). Aber umgekehrt bleibt freilich auch wahr, daß diese allmähliche Gesundung und Heilung eines Menschen, seiner Seele und seiner Empfindungen, gefördert und gefordert werden muß. Es braucht Anreize zur Heilung und zum Guten durch gesellschaftliche Kultur, durch Leitbilder und Vorbilder. Wenn alles gleich gültig ist von Seiten des Staates und der Gesellschaft, wenn der Staat sich als gleichgültig gegenüber allen Werten und in diesem absurden Sinn als wertneutral empfindet, wenn der Glaube an Gottes Güte und Liebe in den Privatraum abgeschoben wird im Namen eines religionslosen Laizismus, dann allerdings ist letztlich alles gleichgültig, dann wird auch der Mensch gleichgültig werden gegenüber dem wirklich Guten, das stets mehr ist als das Nützliche und Verwertbare, dann geht es schließlich nur noch um unterschiedliche Optionen unterschiedlicher Individuen, die miteinander nicht mehr teilen als den entschiedenen Willen zum Überleben um jeden Preis. Dieser radikale und laizistische Wertrelativismus und eine solche Absage an ein gewissensbindendes Naturrecht – wobei Natur für den Rest an nichtmanipulierbarer biologischer Zufälligkeit des menschlichen Wesens steht – bedeutet das Ende der Menschheit und die Abschaffung des Menschen. Bereits 1943 wies der schon erwähnte Clive S. Lewis in seinem Buch „Die Abschaffung des Menschen" darauf hin: „Das Endstadium ist da, wenn der Mensch mit Hilfe von Eugenik und vorgeburtlicher Konditionierung und dank einer Erziehung, die auf perfekt angewandter Psychologie beruht, absolute Kontrolle über sich selbst erlangt hat. Die *menschliche* Natur wird das letzte Stück Natur sein, das vor dem Menschen kapituliert" (Einsiedeln 1983, 62). Es ist kein Zufall, daß diese Auseinandersetzung in der westlichen Postmoderne besonders heftig auf dem sensiblen Feld der Bioethik und der Biopolitik tobt, berühren sich doch hier in entscheidender Weise biologisch-naturalistische und philosophisch-theologische Leitbilder, die nicht einfach nach naturwissenschaftlichem Vorbild folgenlos ausgewechselt werden können: Innovation bedeutet dann nämlich Abschaffung!

Es ist deutlich geworden, daß im Zentrum der christlichen Theologie der Begriff der Person und ein Konzept von Personalität steht. Jede Person strebt zur Selbstverwirklichung, oder theologisch gewendet: zur Ausbildung des inneren Gottesebenbildes. Darin besteht das Glück der menschlichen Person als unverwechselbare Persönlichkeit. Daher muß es im Leben des einzelnen und seiner Beziehungen wie im Leben der staatlichen Gemeinschaft stets um die Förderung des Bewußtseins von der absoluten Einmaligkeit und Unwiderruflichkeit des eigenen Lebens gehen. Auf dem Spiel steht nicht weniger als die unverwechselbare Berufung eines jeden Menschen zu einem höchst persönlichen und unverwechselbaren Glück. Die Theologie meint genau dies, wenn sie unterstreicht, jeder Mensch schaue in der seligen Anschauung Gottes Gott in gleicher Weise und doch ein jeder in anderer Weise, nach Maßgabe seiner eigenen unverwechselbaren Persönlichkeit, da ja auch die Seele eines jeden Menschen ganz individuell und verschieden ist. Hier also setzt der Gedanke einer ewigen Unsterblichkeit der menschlichen Seele an, der von Platon für das gesamte nachfolgende abendländische Denken vorformuliert wird, und sich mit dem jüdischen Gedanken einer unwiderruflichen Gottebenbildlichkeit (und eines Weiterlebens nach dem Tod in der „Scheol") des Menschen verbindet. Die frühe Kirche hat diesen Gedanken aufgenommen und zur Reife gebracht, bis schließlich Thomas von Aquin die Frage nach dem Wesen der Seele endgültig klärt mit der berühmten Formel von der Seele als Form des Leibes *(anima forma corporis)*. Joseph Ratzinger erläutert in seiner „Eschatologie": „Damit ist das philosophisch unmöglich Scheinende gelungen und die geradezu widersprüchlich erscheinenden Forderungen der Schöpfungslehre sowie des christologisch umgewandelten Scheolglaubens sind eingelöst: Die Seele gehört dem Leib zu als ‚Form', aber das, was ‚Form' des Leibes ist, ist doch Geist, macht den Menschen zur Person und öffnet ihn so auf Unsterblichkeit hin" (Regensburg 1977, 123). Damit ist jeder Idee von Wiedergeburt und Reinkarnation vom Christentum aus eine entschiedene Absage erteilt, freilich auch jeder Vorstellung von harmonisierender Allversöhnung im Jenseits. Vielmehr wird deutlich: Die Möglichkeit eines ewigen Glücks in Gott schließt notwendig auch die Möglichkeit einer ewigen Abwendung vom Guten und von Gott ein, ein Gedanke, der in Form ewiger Verantwortlichkeit und endgültigen Gerichts seit der Zeit klassisch-griechischen Denkens zum Kern des abendländischen Menschenbildes gehört. So heißt es im schon erwähnten platonischen Dialog „Gorgias": „Denn das Sterben an sich fürchtet niemand, er müßte denn keine Spur von Verstand und Mannhaftigkeit in sich haben, aber das Unrechttun fürchtet er; denn daß die Seele übervoll von Frevel in den Hades kommt, das ist das größte aller Übel" (522c). Und daraus folgt bei Platon dann der klassische Grundsatz jeder menschlichen Persönlichkeit, die nach einem umfassend gelungenen Leben strebt: „daß man sich mehr hüten müsse vor dem Unrechttun als vor dem Unrechtleiden und daß ein Mann vor allem anderen danach trachten müsse, nicht gut zu scheinen, sondern gut zu sein, im persönlichen wie im öffentlichen Verkehr" (527a). Das ganze menschliche Leben ist ein ununterbrochener Weg der Scheidung und Entscheidung zwischen Gott und Vergänglichkeit, zwischen Heiligkeit und Zufriedenheit, zwischen wirklicher hingebender Liebe und bloßer benutzender Verwertung. Das Christentum denkt das menschliche Streben nach umfassendem Glück unter der Signatur von Leiden und Fragment; das vollkommene Glück ist nicht von dieser Welt. Dennoch kann aus der Perspektive Gottes und im Licht der Auferstehung Jesu Christi jedes menschliche Leben und jede Lebensgeschichte, und sei sie noch so bruchstückhaft, als anfanghaft und im Kern geglückt gedeutet und geglaubt werden. Das schließt keineswegs die Frage nach persönlicher Schuld und Sünde aus. Daher ist jenseits von Eden und diesseits der Ewigkeit ein Mut zum Vorletzten und eine beherzte Tapferkeit im Angesicht vorläufigen Scheiterns verlangt; die Angst vor dem Beinbruch ist allemal schlimmer als der Beinbruch. Dies gilt insbesondere für dauerhafte Lebensentscheidungen, sei es in der Ehe oder im Priester- und Ordensstand. Ein Zerbrechen von Bindung beginnt stets in einer allmählich schwindenden Achtung vor sich selbst und der eigenen Grundentscheidung. Institutionen und Vorgesetzte werden dann schnell zum wohlfeilen Sündenbock der eigenen ansteigenden Selbstverachtung gemacht. Klaus Demmer warnt daher mit Recht: „Wer mit vielerlei Grenzen zu leben hat, muß den Mut zum Glück besitzen, sonst verliert er Schritt für Schritt seine Selbstachtung; er gibt sich auf und wird zusehends zum Spielball seiner unkontrollierten Wünsche, Empfindungen und Gedanken. Er stilisiert sich in der inneren Welt seiner Vorstellungen zum Opfer hoch, nicht bedenkend, daß sich auf Dauer so nicht leben läßt" (Das vergeistigte Glück, in: Gregorianum 72 [1991] 108). Der Gedanke an Gott und seine beglückende Gegenwart im eigenen Leben läßt hellsichtig werden für landläufige und scheinbare Vorstellungen von Glück; manches wird heilsam in Frage gestellt und als Trugbild bloßer bürgerlicher Zufriedenheit entlarvt. In diesem Sinne ist Gott vielleicht mehr offene Wunde als tröstendes Pflaster, in jedem Fall bewirkt er eine radikale Infragestellung jedes vorläufigen Glücks. In dieser Sicht notiert der evangelische Theologe Jörg Lauster in seinem Buch „Gott und das Glück": „Einem religiösen Verständnis zufolge begegnet der Mensch vielmehr im Glück einem Überschuß an Wirklichkeit und einem Mehrwert des Lebens, der ihn ahnen läßt, daß dieses Glück nicht nur von dieser Welt ist. Es ist die vornehmliche Aufgabe einer theologischen Glückslehre, an diesen Bezug zu einer letzten, den Menschen übersteigenden und doch sein Leben prägenden Wirklichkeit zu erinnern" (Gütersloh 2004, 190).

Jenseits von Eden und in der Hoffnung auf ein von Gott geschenktes Glück braucht es im Lebensraum des Menschen eine Rahmenordnung von Grundrechten und Grundpflichten, die die Würde der Person schützen und Personen in Freundschaft und Liebe zueinander führen. Es braucht eine Ordnung, die es jedem Individuum erlaubt und leicht macht, sich vollendet glücklich zu denken, auch und gerade im Glauben an Gott, über den hinaus nichts Erfüllenderes gedacht werden kann. Darin liegt zuletzt auch der Sinn der staatlich garantierten Religionsfreiheit: Nicht Freiheit von Religion ist der erste und eigentliche Sinn, sondern geförderte Freiheit zur Religion und zur Gewissensbindung. In dieser Sicht ist der moderne Staat nicht religionsfrei, sondern erlaubt gerade die Bindung an ein religiöses Bekenntnis. Erst von hier aus gewinnt seine ethische Rahmenordnung ihre letzte Begründung: Nicht eigentlich die Verhinderung von Untat, sondern die Ermöglichung von Liebe ist das letzte Ziel des Staates, wenn auch im Gewand der Gerechtigkeit. Diese Rahmenordnung unveräußerlicher Grundrechte darf ihrerseits freilich nicht noch einmal der demokratischen Mehrheit oder der Abstimmung anheimgestellt sein; daher die Anrufung Gottes in der Präambel des Grundgesetzes. Die Grundrechte, bezeichnenderweise mit der so genannten „Ewigkeitsgarantie" versehen, sind verankert in der Überzeugung, daß der Mensch als Geistwesen ursprünglich nicht einfach vom Baum der Evolution fällt, so sehr er auch ein Teil der Evolution und der biologischen Natur ist, sondern wesenhaft durch seine vernunfthafte Geistseele geprägt ist, so daß er unvergleichlich gut und groß von sich und jeder anderen Person denken kann, so daß er zuletzt Gott denken kann. Zerfällt dieser Grundkonsens einer Gesellschaft und eines Staates über den Wesenskern einer menschlichen Person, so zerfällt auch eine menschliche Gemeinschaft, die eben mehr sein will als eine gut funktionierende Räuberbande. Es ist der schleichenden Versuchung zu wehren, der Mensch sei im Grunde nicht mehr als ein konsumierendes Kaninchen oder eine arbeitsame Ameise oder ein jederzeit zum Bösen zu verführendes Triebwesen, wie es meisterhaft Werner Bergengruen in seiner Erzählung „Der Großtyrann und das Gericht" geschildert hat, und dies mit Blick auf die bedrängte Zeit des totalitären und menschenverachtenden Nationalsozialismus. Der Mensch ist in der Tat jenseits von Eden, aber nicht unrettbar im Tal der Tränen verloren, sondern auf dem Weg zum himmlischen Jerusalem, zur noch ausstehenden Vollendung, zum neuen Himmel und zur neuen Erde einer über alle Vorstellung hinausgehenden Liebe, die den Namen Gott trägt. Diese große Vision freilich muß alltäglich in kleiner Münze und kleiner Mühe umgewechselt werden – und alle die ermutigt werden, die vor der Zeit und weit vor der Ewigkeit die Hände in den Schoß sinken lassen wollen.

Christliche Ethik und die Frage nach dem Glück

Das Glück eines an Gott glaubenden Menschen sucht die christliche Ethik in die kleine Münze des Alltags umzuwechseln. Mit anderen Worten: Ethik hat es, zumal in einer zutiefst säkularen Welt, zu tun mit dem Brückenschlag vom idealen Gottesstaat zum realen Erdenstaat, von der Zivilisation Gottes zur Zivilisation des Menschen nach Kain und Abel – letztlich einer Zivilisation des Todes! Es ist dies auch ein Brückenschlag von der realen Zeit zur idealen Ewigkeit Gottes. Nach Augustinus ist nur die Ewigkeit Gottes reale Wirklichkeit, Zeit hingegen ist „Ausdehnung der Seele" *(distentio animae)*, insofern die unsterbliche Seele des Menschen Anteil an Gottes Ewigkeit hat. Wird aber die Zeit nicht mehr relativ und damit durchsichtig auf die Ewigkeit Gottes hin gesehen, wird sie absolut gesetzt und betrachtet, dann verliert sich der Mensch in der Zeit, ohne doch jemals in ihr Genügen zu finden. Hier liegt dann in augustinischer Sicht die Wurzel jeder Sünde, die Thomas von Aquin später in ähnlicher Denkrichtung „Hinwendung zum Geschaffenen" nennen wird. Nicht die Konkurrenz der Welt mit Gott macht in dieser Perspektive den Kern der Sünde aus, nein: Die ungerechte und unrichtige Betrachtung und Behandlung der menschlichen Person, die in der Zeit keine endgültige Erlösung und keine endgültige Erfüllung ihrer Hoffnung finden kann, ist die eigentliche Sünde. Oder anders gesagt: Die willentliche Beschädigung der Hoffnung auf ein endgültiges und vollkommenes Glück versündigt sich am innersten Wesen des Menschen, der zwar Teil der vergänglichen Natur ist, zugleich aber mit seiner vernünftigen Geistseele unablässig über diese Natur hinaus blickt. Kurt Flasch formuliert in einer Auslegung des berühmten elften Buches der „Bekenntnisse" von Augustinus, in der die grundlegende Frage „Was also ist die Zeit?" gestellt wird, so: „Augustin sah im Christentum die Aufforderung, das Ewige dem Zeitlichen vorzuziehen. Das Böse lag für ihn darin, daß die Seele das Ewige vernachlässigt, um dem Zeitlichen nachzujagen" (Was ist Zeit?, Frankfurt/M. 1993, 205). Zeit nämlich trägt in sich die Versuchung zur Verschließung ihrer selbst in einem rein naturhaften zeitlichen Endzustand oder, noch fataler in den Folgen, die Versuchung zur Erzwingung eines innerweltlichen Zustandes der Vollkommenheit. Es ist dies die dämonische Versuchung aller säkularen Heilsutopien, aller Totalitarismen in der Nachfolge des kalabresischen Abtes Joachim von Fiore (um 1130–1202), bis hin zum Kommunismus und Nationalsozialismus, die das Dritte und endgültige Reich des Geistes in der Zeit herbeizwingen wollen. Walter Nigg hat in seinem beeindruckenden Buch „Das ewige Reich" (Zürich 1996) die Geschichte der Erwartung des nahen Gottesreiches ausführlich beschrieben. Säkularisiert findet sich diese Vollendung der Geschichte übersetzt in einem Paradies auf Erden, einem irdischen Reich der Freiheit und Gleichheit. Aufgabe des Christen ist es hingegen, in seinem Denken und Handeln die Zeit zu gestalten und vorzubereiten auf die Vollendung in der Ewigkeit Gottes. Diese recht harmlos wirkende Feststellung gewinnt unversehens an Schärfe, wenn der Gedanke des Augustinus erinnert wird, die Trennung von Gott und Welt, von Gottesstaat und Erdenstaat sei nur die Spiegelung der bedeutsameren Trennung von Gut und Böse in der Seele eines Menschen, also in seinem Denken und Handeln. Böse in dieser Sicht ist das schlichte Vergessen des Guten, näherhin: das Vergessen der Vollendung und Erlösung aller Menschen und aller geschichtlichen Zustände in der Ewigkeit, böse ist der Zwang zu endgültiger Erlösung und gewaltsamer Anerkennung der eigenen Person in der Zeit. Die Kirche mit ihrer göttlichen Liturgie ist der Anfang des Gottesstaates in der Zeit, und ihre Sakramente sind Momente der aufleuchtenden und erlösenden Endzeit. Eine säkularisierte Postmoderne wird im Zeichen eines anwachsenden Individualismus und einer zunehmenden Privatisierung der Moral um so mehr jede bisher eschatologische Glückserwartung verweltlichen und Vorstellungen eines leicht herstellbaren innerweltlichen Glücks in den Mittelpunkt des Interesses stellen, etwa ein Recht auf umfassende Gesundheit (bis hin zum Recht auf ein nicht behindertes Leben), ein Recht auf ausreichenden Konsum oder auch ein Recht auf jede Art privater Lebensformen. Der kanadische Philosoph Charles Taylor bemerkt dazu kurz und präzis: „Das Streben nach Glück nahm aufgrund der stetig wachsenden Zahl leicht realisierbarer Wünsche eine neue, konkrete Bedeutung an" (Die Formen des Religiösen in der Gegenwart, Frankfurt/M. 2002, 72).

Was kann vor diesem Hintergrund die christliche Ethik leisten? Ethik ist vom Grundansatz her der Ersatz für eine offenkundige Orientierungslosigkeit des menschlichen Handelns. Solche Desorientierung wurzelt nicht zuletzt in der möglichen Beliebigkeit von Wertpräferenzen, mithin in der zunehmenden Beliebigkeit der menschlichen Freiheit. Daher ist die Rede von Wertekonflikten in der Postmoderne korrekter, als die allzu schnelle Rede vom schleichenden Werteverfall. Nicht zuletzt zeigen das immer wieder alle zeitgenössischen Studien und Erhebungen zu Wertepräferenzen und Grundwerten. Der Ethik geht es mithin um Reflexion auf ein umfassend geglücktes und gutes Leben sowie auf ein Handeln, das solches Leben befördert. Stets geht es um Abwägung von Gütern, und dies in kurz- oder langfristiger Perspektive. Traditionen und Erzählungen von Erfahrung mit geglückter Gutheit, also mit umfassendem Glück, sollen die Sicherheit individueller Entscheidungen verbürgen und das Individuum entlasten vom ständigen Zweifel an der Gutheit und Richtigkeit eigener Entscheidungen. Dies gilt zumal und vor allem von der grundsätzlichsten aller Entscheidungen, nämlich der Entscheidung zum eigenen Leben: Niemand wurde ja zuvor gefragt, ob er gezeugt und geboren werden wolle. Odo Marquard zitiert in seinem Buch „Glück im Unglück" das bitterböse Wort von Kurt Tucholsky: „Am besten ist es, nicht geboren zu sein, doch wem passiert das schon?" (München 1995, 38). Demgegenüber wird gleichsam unhinterfragt vorausgesetzt und als sinnvoll verbürgt durch die moralische Erfahrung vieler Generationen von Menschen, daß es gut sei, ja das Beste sei, geboren worden zu sein. Trotzdem bleibt diese letzte Last individueller Lebensführung, die dem Risiko lebensgeschichtlichen Scheiterns stets unterworfen ist und sich letztlich auch des tradierten Erbes erfahrener Gutheit zu entziehen vermag. Der Prozeß neuzeitlicher radikaler Individualisierung und existentieller Vereinzelung kommt hier an ein gewisses Ende: So wie ich hat niemand zuvor gelebt; daraus erwächst das Bewußtsein einer grundsätzlichen Unvergleichbarkeit und Unwägbarkeit der eigenen Existenz und der eigenen Entscheidungen. Denn dies eigene Leben war noch nie gelebt worden, und sein Glück – verstanden nicht als zufällig eintretendes Lotterieglück, sondern als grundsätzliche Gutheit der eigenen Existenz – unterliegt zahllosen ererbten und erworbenen Beschränkungen. Mehr und mehr weicht das hochgespannte Ideal vollkommen geglückten Lebens der Ernüchterung eines erheblich beschädigten und doch zum Gelingen verurteilten Lebens. Die philosophische Anthropologie des 20. Jahrhunderts, etwa in der Gestalt von Arnold Gehlen oder Helmuth Plessner, hat daher den Ausdruck der Kompensation geprägt und meint: Der Mensch in seiner existentiellen Gleichgewichtslosigkeit und Nacktheit sucht beständig nach Kompensation einer höchst mangelhaften Natur – und er findet sie und muß sie finden in der Ethik. Der Mensch ist in dieser Sicht zwar nicht Nestflüchter, wohl aber Defektflüchter, denn er ist zu seinem Unglück ein Mängelwesen, aber die Ethik ermöglicht Kompensation dieses Mangels durch Entlastung. Die grundlegendste Beschädigung ist dem Individuum vorgegeben, nämlich der grundlegende Zweifel am letzten Sinn des eigenen Lebens, oder anders: der geheime Zwang, der Versuchung nachgeben zu müssen, mich selbst und meine Mitmenschen bloß als beschädigte Funktionen der Evolution ansehen zu müssen, nicht aber als zweckfreie Repräsentanten einer ursprünglichen idealen Idee Gottes ansehen zu dürfen.

Noch einmal sei daran erinnert, daß die Theologie dieses ursprüngliche Ideal zweckfreier Liebe und unbedingten Geliebtwerdens mit dem Begriff der Gottebenbildlichkeit ausdrückt und darin den Kern der unveräußerlichen Menschenwürde erblickt. Die fundamentale Beschädigung aber der menschlichen Existenz, also jene fundamentale Versuchung des Zweifels an der unbedingten Liebe Gottes, heißt theologisch Ursünde und lastet als zum Menschen gehörendes Erbe auf jedem einzelnen Menschen. Augustinus unterscheidet in seinem monumentalen Werk „Vom Gottesstaat" nicht nur die *civitas Dei* von der *civitas terrena*, sondern er unterscheidet in der Folge auch zwei Arten von Liebe: Im Gottesstaat herrscht das *frui*, die zweckfreie und selbstvergessen genießende Liebe, im Erdenstaat hingegen herrscht das *uti*, das bloße Gebrauchen und Verwerten von Gott und Mensch. „Demnach wurden die zwei Staaten durch zweierlei Liebe begründet, der irdische durch Selbstliebe, die sich bis zur Gottesverachtung steigert, der himmlische durch Gottesliebe, die sich bis zur Selbstverachtung erhebt" (De civitate Dei XIV 28).

Und womöglich noch etwas schärfer und zugespitzter unterscheidet Augustinus die Guten von den Bösen: „Denn die Guten gebrauchen die Welt zu dem Zweck, um Gott zu genießen; die Bösen dagegen wollen Gott gebrauchen, um die Welt zu genießen" (De civitate Dei XV 7). Im Bild gesprochen und zugleich im augustinischen Bild verbleibend: Außerhalb des Paradieses ist alles knapp, vor allem aber das kostbarste aller Güter, die bedingungslose Liebe. Diese grundlegende Beschädigung des menschlichen Lebens zu kompensieren ist die Aufgabe der Ethik und die vornehmste Aufgabe der Seelsorge: In der christlichen Ethik mit Hilfe des Gottesbegriffs, in der Seelsorge durch die sakramentale und katechetische Vermittlung eines liebenden Gottes. Jede Kompensation aber trägt das Kainsmal des Kompromisses: Das Ideal der reinen und unbedingten Liebe begegnet nur in der Gebrochenheit beschädigten Lebens. Jeder Mensch ist viel mehr mit Wiedergutmachung als mit Gutmachung beschäftigt. Und dennoch enthüllt sich darin auch ein letzter und guter Sinn: Denn da Gott es in der Schöpfung gut gemacht und auch in der Erlösung wiedergutgemacht hat, braucht der Mensch es jetzt nur in seiner konkreten Zeit und Geschichte wiederum gut zu machen, in Nachahmung und konkreter Nachfolge Christi. Das gute und vollkommene Leben, mithin das Glück schlechthin als letztes Ziel des Menschen, erhält durch die Offenbarung Gottes in Jesus Christus eine neue, nämlich eine personale Form: Die Gemeinschaft mit Christus erscheint als Vollendung der naturhaft erstrebten, vollkommenen Glückseligkeit, als ewiges Glück. Die Nachfolge Christi im eigenen, persönlich-unverwechselbaren Leben leuchtet als Weg zu diesem Ziel auf. Denn der Christ lebt und handelt ja nicht zuerst aus Pflicht, sondern aus der inneren Sehnsucht, Christus gleichförmig zu werden und auf seine erlösende Liebe durch das eigene Leben und Sterben antworten zu dürfen.

Christlicher Glaube und theologische Ethik betrachten nicht nur die Person, sondern auch das gesamte Gefüge, in dem Personen glauben und leben. Und die Frage nach dem Glück eines menschlichen Lebens stellt sich stets auch und gerade im Angesicht des Mitmenschen und seiner Vorstellung vom umfassend gelungenen Leben. Der Individualethik tritt daher die Sozialethik gleichberechtigt zur Seite, auch sie fragt nach dem umfassenden Glück von miteinander lebenden Menschen und nach der Gegenwart Gottes im Raum von Staat und Gesellschaft. Die katholische Soziallehre versteht jeden Menschen für den gesamten Zeitraum seiner biologischen Existenz als Person. Aus diesem starken Begriff von Personalität ergibt sich, im Unterschied etwa zum angelsächsischen Utilitarismus einer partiellen Trennung von Mensch und Person je nach den faktisch nachweisbaren Qualitätsmerkmalen, die primäre Wertpräferenz für die Gestaltung einer persongerechten Gesellschaft. Denn wenn stets von der Person ausgegangen wird, dann auch und zuerst von ihrer Freiheit und ihrem Streben nach umfassend geglückten Leben. Insofern war es nur konsequent, daß die amerikanische Unabhängigkeitserklärung unterstrich, „pursuit of happiness", also die Suche nach dem je eigenen und individuellen Glück gehöre zu den absolut unveräußerlichen Menschenrechten, die der Staat zu schützen und zu achten habe. Die Person wird verstanden als interessegeleitetes Individuum und zugleich immer schon, in Anlehnung an die platonische Kennzeichnung des Menschen als *zoon politikon*, als soziales Lebewesen, auf den Mitmenschen zutiefst angewiesen und ihm zugleich zugemutet. Freiheit und Gleichheit bilden einander bedingende Pole der Personalität: Der Gleichheit in den Grundrechten entspricht die Freiheit individueller Lebensentscheidung und persönlicher Lebensführung. Auf der Grundlage dieses Menschenbildes soll aber nicht nur eine politische, sondern ebenso auch eine ökonomische Gestaltung der Gesellschaft gelingen; Staatsordnung und Wirtschaftsordnung stehen im Dienst an Freiheit und Gleichheit jeder Person. So entsteht nach dem Zweiten Weltkrieg in Deutschland die soziale Marktwirtschaft mit einigen sehr bewußten Wertentscheidungen: An der Basis steht ein Menschenbild, das Freiheit und persönliche Verantwortung wie auch Solidarität und soziale Verpflichtung beinhaltet. Subsidiarität und Solidarität erscheinen in diesem Zusammenhang als unterschiedliche Weisen der Verwirklichung von Personalität, sie sollen wiederum Freiheit und Gleichheit befördern. Subsidiarität stärkt die kleinen Freiheitsräume von Menschen, die sich in der Verfolgung von Lebenszielen zusammenschließen, und betont die nachgeordnete, subsidiäre, also auf Hilfe zur Selbsthilfe reduzierte Stellung des Staates. Solidarität hingegen stärkt das Gemeinwohl höchst unterschiedlicher Individuen und verschiedener Generationen und versichert zugleich individuelle Risiken, insbesondere schwächerer Personen, zum Nutzen aller und nicht zuletzt zur Ermöglichung von Leistungsbereitschaft. Als Inhalt des Gemeinwohles wird die grundlegende Gerechtigkeit, die jedem Menschen durch sein Menschsein zukommt, angesehen; mit anderen Worten: Jeder Mensch hat das Recht, glücklich werden zu wollen und glücklich zu werden, da es zur Naturanlage des Menschen gehört, nach seinem Glück zu streben. Dieses Streben findet seine Grenzen erst an den Freiheitsrechten des Mitmenschen und damit an den Grundrechten.

Die vier Grundprinzipien der Personalität, Subsidiarität, Solidarität und des Gemeinwohles, die im Grunde nur unterschiedliche Facetten der Gerechtigkeit und des Rechtes auf ein umfassend geglücktes Leben darstellen, finden sich brennglasartig gebündelt im neutestamentlichen Gleichnis vom barmherzigen Samariter. Es ist nicht unwichtig, daß das Gleichnis einsetzt und antwortet auf eine der großen Menschheitsfragen, nämlich die Frage nach dem ewigen Glück. Diese Grundfrage des Menschen lautet aus dem Mund des Schriftgelehrten so: „Meister, was muß ich tun, um das ewige Leben zu gewinnen?" (Lk 10,25). Es ist im Grunde die ewig alte und ewig neue Frage nach dem wirklich Wichtigen im Leben, nach dem letzten Ziel des Lebens, nach dem Glück über allen Glücksmomenten: Ewiges Leben meint hier die endgültige Vollendung eines menschlichen Lebens und die Ankunft in der ewigen Liebe Gottes. Auf diese Frage antwortet eben Jesus mit dem sehr praktischen Gleichnis von der Barmherzigkeit des volksfremden Samariters, der eigentlich und vom Gesetz her nicht zur Hilfeleistung verpflichtet ist. Der Raum der bloß austauschenden Gesetzesgerechtigkeit wird radikal und höchst eindrucksvoll überschritten. Der Samariter fühlt sich im Herzen, ja bis in die Eingeweide hinein von der Not des Nächsten ergriffen und erschüttert. Die bloße Gerechtigkeit des Gesetzes wird überwunden hin zur Liebe des Herzens. Dennoch ist damit die letzte Sinnspitze des Gleichnisses noch nicht erreicht. Denn diese Liebe des Samariters, so die Botschaft des christlichen Glaubens, verdankt sich nicht mehr bloß einem glückshaften

Moment der Aufmerksamkeit oder eines guten Charakters oder einer sorgfältigen Erziehung oder gar einer staatlich perfekt organisierten Fürsorge. All das gibt es auch außerhalb des Christentums. Jetzt aber, mit der Offenbarung der Liebe Gottes in Jesus Christus, wird dieses Glück der Liebe dauerhaft und personal: Der Raum der Liebe ist endgültig eröffnet, immer da, wo sich ein Mensch der Liebe Gottes bewußt wird und sich zur Antwort gedrängt sieht, immer da, wo im Raum der Kirche und der Sakramente Menschen mit der Liebe Gottes beschenkt werden. Der Samariter ist Jesus Christus selbst. Benedikt XVI. weist in seinem Buch „Jesus von Nazareth" sehr deutlich auf diese christologische Auslegung des Gleichnisses durch die Kirchenväter hin: Der ausgeplünderte Mensch im Straßengraben ist der Mensch schlechthin – Adam außerhalb des Paradieses, Abel von seinem Bruder Kain erschlagen, Urija von König David in den Tod geschickt, Nabot von König Ahab aus Habgier gesteinigt. Kurz: Der Mensch ist nicht nur sich und seinem Mitmenschen entfremdet, er ist buchstäblich unter die Räuber gefallen und jedes Lebensglückes beraubt. „Die mittelalterliche Theologie hat die zwei Angaben des Gleichnisses über den Zustand des zerschlagenen Menschen als grundsätzliche anthropologische Aussagen aufgefasst. Von dem Opfer des Überfalls heißt es zum einen, daß er ausgeplündert (*spoliatus*), zum anderen, daß er halbtot geschlagen wurde *(vulneratus)*. Das bezogen die Scholastiker auf die zweifache Dimension der Entfremdung des Menschen. Er ist *spoliatus supernaturalibus* und *vulneratus in naturalibus*, sagten sie: des ihm geschenkten Glanzes der übernatürlichen Gnade beraubt und in seiner Natur verwundet. Nun, das ist Allegorie, die sicher weit über den Wortsinn hinausgeht, aber immerhin ein Versuch, die doppelte Art von Verletzung zu präzisieren, die auf der Geschichte der Menschheit lastet. Die Straße von Jerusalem nach Jericho erscheint so als das Bild der Weltgeschichte; der Halbtote an ihrem Rand als das Bild der Menschheit. Priester und Levit gehen vorbei – aus dem Eigenen der Geschichte, aus ihren Kulturen und Religionen allein kommt keine Heilung. Wenn der Überfallene das Bild des Menschen schlechthin ist, dann kann der Samariter nur das Bild Jesu Christi sein. Gott selbst, der für uns der Fremde und der Ferne ist, hat sich aufgemacht, um sich seines zerschlagenen Geschöpfes anzunehmen. Gott, der Ferne, hat sich in Jesus Christus zum Nächsten gemacht. Er gießt Öl und Wein in unsere Wunden, worin man ein Bild für die heilende Gabe der Sakramente sah, und er führt uns in die Herberge, die Kirche, in der er uns pflegen läßt und auch das Angeld schenkt, das diese Pflege kostet" (Freiburg/Br. 2007, 240). Das Gleichnis des barmherzigen Samariters greift nicht zufällig die alttestamentliche Geschichte des Brudermordes von

Kain an Abel auf: Hier wie dort steht die zumutende Frage Gottes an Kain „Wo ist dein Bruder Abel?" und die trotzige Gegenfrage des Kain „Bin ich der Hüter meines Bruders?" (Gen 4,9) im Mittelpunkt des Nachdenkens über die eigentliche Bestimmung des Menschen. Wer sonst denn sollte und könnte des Menschen Hüter sein, als der Mensch selbst, wenn er sich im Auftrag Gottes handeln und hüten sieht? Wenn man einen Christen fragen würde, was denn seiner Ansicht nach der unaufgebbare Kern des Christentums sei, so würde wohl zumeist die Antwort lauten: „Die Nächstenliebe!" So weit, so richtig. Würde man aber dann weiterfragen, warum gerade die Nächstenliebe (und nicht etwa der Gehorsam gegenüber Gott wie im Islam oder die Erlösung des eigenen Ich wie in den fernöstlichen Religionen) das Wesen des Christentums ausmache, dann bliebe die Antwort wohl in den meisten Fällen aus, oder doch zumindest blaß und nebulös. Daher muß noch einmal tiefer nach der Bedeutung der radikalen Nächstenliebe im christlichen Glauben gefragt werden. Freilich: Das Christentum ist in der Tat die große Weltreligion der praktizierten Nächstenliebe. Aber es ist mehr als billige Salbe auf die äußeren Wunden der Menschheit. Und es ist im Grunde auch kein religiös verbramtes Weltbesserungsinstitut, das einen utopischen Himmel auf Erden errichten will und doch nur die Hölle hervorbrächte. Nein, der christliche Glaube und die christliche Ethik wissen um die Vorläufigkeit der Erde und die Endgültigkeit des Himmels, sie wissen um die begrenzten Erkenntnisse und Kräfte des Menschen und mißtrauen zutiefst jedem politisch und sozial motivierten Versuch, auf der Erde das ersehnte Land „Utopia", das irdische Paradies zu errichten – jene Utopie übrigens, die den Marxismus so vernichtend und menschenverachtend scheitern läßt. Ist das Christentum also bloß Vertröstung auf das Jenseits, wie der Marxismus höhnte, billige Hoffnung auf eine bessere Welt, da man die Mühe der hiesigen Weltverbesserung scheut? Eine Antwort scheint nur möglich, wenn wir noch tiefer an die Wurzel des Christentums gehen, bis zu Jesus Christus selbst. Wer ist denn dieser Jesus von Nazareth? Gottes Sohn, wahrer Gott und wahrer Mensch! Und wo ist er? Seit der Menschwerdung im Stall von Bethlehem in jedem Menschen! Das ist die Grundbotschaft des Christentums: Gott ist seit der Menschwerdung nicht mehr weit weg, er ist Gegenwart in jedem Menschen und in jeder Lebensgeschichte eines Menschen. Und daraus erst erwächst nun der sittliche Ernst und der ethische Radikalismus des Christen: Von Christus her sind alle Menschen in gleicher Weise zum ewigen Glück der Liebe Gottes berufen, in gleicher Weise würdig so auf ewig geliebt zu werden. Und umgekehrt gilt dann auch: Von Christus her wird jeder in seiner Würde verletzte und geschundene Mensch zum Ärgernis par excellence, mit dem der Christ sich bis zum Jüngsten Gericht nicht stillschweigend abfinden darf.

Das Stichwort des Jüngsten Gerichtes ist von besonderer Bedeutung, spannt sich doch der Bogen vom Brudermord des Kain über den barmherzigen Samariter bis hin zum Gericht über die Liebe eines Menschenlebens. Das Bild aus dem 25. Kapitel des Matthäusevangeliums ist eindrucksvoll und scharf konturiert: Am Ende der Zeit wird der Herr die Schafe von den Böcken scheiden. Wir sollten über der zeitgebundenen Bildhaftigkeit nicht die eigentliche Aussage vergessen. Natürlich ist das Jüngste Gericht nicht vorstellbar als billiger Abklatsch einer menschlich-allzumenschlichen Prozeßordnung mit anfechtbarem Richter, raffinierten Anwälten und beckmesserischen Vertretern der Anklage. Aber wahr ist doch wohl die tiefere Aussage Jesu, daß dem menschlichen Leben ein unaufgebbarer Ernst und eine tiefe Bedeutung zukommt, daß niemand anders in Ewigkeit leben wird als wie er in der Zeit gelebt hat, daß die ewigen Entscheidungen und Scheidungen durch unsere zeitlichen Entscheidungen vorbereitet und vorweggenommen werden. Die Hölle zu wählen als die ewige Lieblosigkeit liegt durchaus in der Macht und in der Freiheit des Menschen. Niemand hat das vielleicht literarisch eindrucksvoller dargestellt als Clive S. Lewis in seinem Büchlein „Die große Scheidung". Dort heißt es in geradezu beklemmender Klarheit: „Am Ende gibt es nur zwei Arten von Menschen: die, die zu Gott sagen: ‚Dein Wille geschehe', und die, zu denen Gott sagt: ‚*dein* Wille geschehe'. Alle, die in der Hölle sind, erwählen sie. Ohne diese Selbstwahl könnten sie nicht in der Hölle sein. Keine Seele, die ernstlich und inständig nach Freude verlangt, wird sie verfehlen. Die, welche suchen, finden. Denen, die klopfen, wird aufgetan" (Einsiedeln 1984, 78). Das Urteil im Gericht spricht letztlich jeder sich selbst, das endgültige Urteil über endgültiges Glück oder Unglück. Deutlich wird dies in der bangen Frage an den Herrn im Gericht: „Wann sahen wir dich durstig oder hungrig?" (Mt 25,37). Und die Antwort Gottes wird das Maß an lauterer Liebe unseres Lebens offenlegen oder entlarven, nach dem Wort des hl. Johannes vom Kreuz: Am Ende unseres Lebens werden wir nach der Liebe beurteilt! Daher ist es nicht einfach gleichgültig oder subjektiv verkapselt, wie und nach welchen ethischen Maximen wir hier leben. Das Urteil des Lebens über ewiges Glück oder Unglück spricht sich letztlich jeder selbst, Himmel oder Hölle werden hier und jetzt gewählt und erstrebt, oder besser: Gott wird entweder mit brennendem Interesse gesucht – oder aber einfach vergessen! Einen Mittelweg gibt es nicht, so wenig wie ein bisschen Himmel oder Hölle. *Aut Deus aut nihil* – entweder Gott oder das Nichts! Darin läge dann wohl die radikalste Schuld eines menschlichen Lebens, nämlich in der Versuchung zu allem (auch zu sich und zu jedem Mitmenschen) zu sagen: Es macht nichts, es ist nicht von Interesse! Interesselosigkeit zeigt sich hier als Gegenbild des unbedingten Interesses Gottes für den Menschen. Josef Pieper notiert prägnant über diese tödliche innere Bosheit als Widerpart der göttlichen Liebe: „Die Kehrseite ist das Nicht-lieben-können, die prinzipielle Teilnahmslosigkeit, the dispairing possibility that nothing matters. Nicht der Haß ist das wahre Widerspiel der Liebe, sondern die verzweifelte Gleichgültigkeit, für die nichts von Belang ist. Das Wort von der Verzweiflung ist hier buchstäblicher zu nehmen als es vielleicht zunächst geschieht. Die Haltung der radikalen Wurstigkeit (‚es ist alles egal') hat in der Tat etwas mit dem Geisteszustand der Verdammten zu tun. In Dostojewskis Roman von den Brüdern Karamasow sagt der Starez Sossima: Was ist die Hölle? Ich denke, sie ist der Schmerz darüber, daß man nicht mehr zu lieben vermag!" (Über die Liebe, Frankfurt/M. 1962, 116). Diese radikale, im Herzen des Menschen als tödliche Möglichkeit schlummernde und alles mit dem erstickenden Ölfilm des Desinteresses überziehende Lieblosigkeit wird seit Gregor dem Großen im Rückgriff auf Beobachtungen der Wüstenväter *acedia* genannt und zu den sieben Todsünden gezählt: innere und äußere Trägheit, höllische Teilnahmslosigkeit infolge tiefer seelischer Verdüsterung. Es ist der von den

Mönchen beschriebene Mittagsdämon, so genannt, weil er um die Mittagszeit des Tages oder in der Mitte der Lebenszeit hereinbricht und alle Müdigkeit vergeblicher Liebesmüh schier ins Unerträgliche anwachsen läßt.

Von niemandem fordert Gott mehr, als in seinen Kräften steht, und jedes Sollen setzt Können voraus. Aber die unruhige Frage unseres Lebens und eines jeden Tages bleibt: Bemühe ich mich wirklich mit allen Kräften? Vielleicht ist es das letztlich, was Augustinus meint, wenn er betet: „Unruhig ist unser Herz, bis es Ruhe findet in Dir, o Gott!" Das wäre die heilsame und im wahrsten Sinne des Wortes radikale, weil an der Wurzel des Daseins verankerte Unruhe des Christen: Kaufe ich die Zeit meines Lebens aus? Nutze ich die mir von Gott geschenkten Talente und Fähigkeiten? Erkenne ich den Mitmenschen, der Hilfe braucht? Die Erzählung vom Endgericht beim Evangelisten Matthäus, bewußt an das Ende der irdischen Tätigkeit Jesu gestellt, verklammert Himmel und Erde, Gesinnung und Verantwortung, Politik als Kunst des Machbaren und „Mystik der offenen Augen, die auf die gesteigerte Wahrnehmung fremden Leids verpflichtet ist" (Johann B. Metz, Memoria passionis, Freiburg/Br. 2006, 27). Im Mittelalter entstanden aus der Betrachtung des irdischen und notleidenden Jesus die großen Gemälde des Jüngsten Gerichtes, vorzugsweise an der Westwand der Kirchen, so daß der Gläubige am Ende der Liturgie und vor der Rückkehr in den Alltag noch einmal das Bild der letzten Entscheidung ins Herz gebrannt bekam. Dem voraufgegangen war die sogenannte „Päpstliche Revolution" des 11. bis 13. Jahrhunderts mit der Entstehung von Ethik und Recht, und nicht zuletzt mit der theologischen Ausfaltung des Fegefeuers. Der französische Historiker Philippe Nemo unterstreicht in seinem Buch „Was ist der Westen? Zur Genese der abendländischen Zivilisation": Jetzt erst entsteht die theologische Ethik in ihrer christozentrischen Eigenart: Mit der Reform und dem geistlichen Machtanspruch Gregors VII. (1073–1085) und „der Auffassung, daß es die Welt dringend zu christianisieren galt, auf daß sie fähig werde, ihre ethischen und eschatologischen Ziele zu erreichen", und der Konzentration auf die wahre Menschheit Christi: „Daß das menschliche Tun Wert und Sinn hat, kann nicht besser dargestellt werden, als wenn man das Menschsein Christi unterstreicht. Weil Christus als Retter der Menschheit ebenso Mensch ist wie Gott, darf sich der Mensch die *imitatio Christi* zum moralischen Programm machen und ist der Aufstieg zum Heil zumindest teilweise schon in Reichweite der menschlichen Natur und Willenskraft" (Tübingen 2005, 49. 56). Jedem Menschen sollte seitdem mit dem überlebensgroßen Bild des Jüngsten Gerichts und seiner letzten Scheidung von Gut und Böse deutlich und unmißverständlich vor Augen stehen: Jesus Christus, den gnädigen und nahen Gott, das Glück von Menschheit und Mensch, läßt sich finden in der Person des Mitmenschen. Was ich dort an Caritas, an Nächstenliebe wirke, das wirke ich an Christus selbst. Und vielleicht ist es eine gute Weise, ganz konkret das Gleichnis vom Jüngsten Gericht im eigenen Alltag als Christ zu verwurzeln: Indem ich mir vorstelle, ich möchte mindestens einen Menschen in der Stunde des Gerichtes haben, den ich anschauen darf mit lauterem, liebendem Herzen, ein Mensch, von dem ich weiß, er tritt für mich ein angesichts der im eigenen Herzen aufsteigenden Anklage von Hartherzigkeit und Gleichgültigkeit, ein Mensch, der in jener Stunde für mich bittet, ein Mensch, der mir gleichsam zum Bürgen wird für das beständige und doch nicht immer fruchtlose Bemühen meines Lebens, die Fesseln der Eigenliebe und des Eigennutzes abzustreifen.

So verknüpfen sich Individualethik und Sozialethik im Begriff einer umfassend verstandenen Seelsorge, denn um die unsterbliche Seele eines jeden Menschen geht es und um ihr Recht auf das vollendete Glück. Da der Mensch ein Leib-Seele-Wesen ist, unterliegt seine gesamte leiblich-seelische Existenz vom frühestmöglichen Zeitpunkt an bis zum spätestmöglichen Zeitpunkt dem unveräußerlichen Schutz der Menschenwürde, und nur dieser umfassende Schutz garantiert das unaufgebbare Glück einer individuellen Person, gänzlich unabhängig von äußerlichen Qualitätsmerkmalen oder parlamentarischen Mehrheitsverhältnissen. Das fundamentale Glück einer Person steht auf dem Spiel, wenn die Person fälschlicherweise in einer Art Leib-Seele-Dualismus gesehen wird und damit ein seelisches Glücken von statistisch geglückten leiblichen Zuständen abhängig gemacht werden soll. Seelsorge ist letztlich immer eine Sorge um die ganze Person, denn der Begriff der Seele meint ja bei Thomas von Aquin gerade die *reductio completa ad seipsum*, die Fähigkeit des Menschen zu vollständiger Rückschau auf sich selbst, das nach-denkende Selbstbewußtsein. Und dies unter den fragmentarischen Bedingungen von Raum und Zeit: Immer ist nur ein Stück vom vollkommenen Glück eigener und fremder Existenz zu ahnen. Die Rede von Gottes vollkommen geglückter dreifaltiger Personalität als Urbild jeder individuellen Person verbürgt mithin erst das geglückte Selbstbild eines jeden Menschen. Die Person in dieser Sicht christlicher Ethik ist weit mehr als nur eine gut funktionierende Maschine. Gedacht ist an eine Persönlichkeit, die von der Ich-Werdung (mit dem Erwachsen einer Identität und einer Lebensentscheidung) über die Du Findung (mit der Befähigung zu Intimität und echter Freundschaft) aufsteigt zur Selbst-Transzendierung (mit der Fähigkeit zu Fürsorge und Kreativität). Hier genau setzt der christliche Begriff der

Bildung an: Im Blick auf die Entstehung des Begriffs bei Meister Eckart im hohen Mittelalter und der im Hintergrund stehenden Gottebenbildlichkeit des Menschen ist eine Ausbildung des inneren Idealbildes des Menschen gemeint. Anders gewendet: Gedacht ist an eine Verinnerlichung und Verwirklichung der moralischen Erfahrung mit Gutheit, die gewonnen wird durch gelungene und geglückte Kommunikation mit den Mitmenschen, nicht zuletzt mit Gott. Denn Gott hat selbst den Raum der liebenden Kommunikation eröffnet, indem er sich und seine Liebe offenbart in Jesus Christus.

Als Zusammenfassung der neuen jesuanischen Ethik, ja als verheißungsvoller Ausblick auf die *visio beatifica*, die selige Anschauung Gottes, gelten im Neuen Testament die Seligpreisungen (Mt 5,1–11): Übernatürliche Tugend und eschatologisches Glück verbinden sich zu einer eindrucksvollen Gesamtvision umfassend gelungenen Lebens vor Gott. Bemerkenswert ist wieder die innere Einheit von Individualethik und Sozialethik: Nur in der liebenden Gemeinschaft von Menschen erfährt der Mensch jetzt schon anfanghaft das Glück der ewigen Gemeinschaft mit Gott. Dies wird besonders deutlich beim Evangelisten Lukas, der die positiven Seligpreisungen jeweils durch negative Wehrufe kontrastiert, und damit das gottferne und menschenferne Leben der Sünde als Ablehnung der ewigen Seligkeit interpretiert (Lk 6, 20–26). Die Seligpreisungen bieten freilich keine konkrete Handlungsethik, sie geben zu denken und stellen Fragen. Fragen an eine bisherige, hergebrachte, ganz konventionelle Lebensweise, Fragen an bisherige Vorstellungen von Glück und gelungenem Leben, Fragen an unbewußt schlummernde Sehnsüchte und Wünsche, Fragen der Reinigung und der Bereitschaft zur inneren Bekehrung. Es geht hier wirklich um eine „Umwertung der Werte", um eine neue Sicht von Glück und Leben, um den neuen Menschen. Benedikt XVI. nennt das in der Auslegung der Seligpreisungen in seinem Buch „Jesus von Nazareth" Verheißungen an den Boten Jesu – jeder Christ! – in der Welt: „Und wenn auch der Bote Jesu in dieser Welt noch in der Leidensgeschichte Jesu steht, so ist darin der Glanz der Auferstehung dennoch spürbar und schafft eine Freude, eine ‚Seligkeit', die größer ist als das Glück, das er vorher auf weltlichen Wegen erfahren haben mochte. Jetzt weiß er erst, was wirklich ‚Glück', was wahre ‚Seligkeit' ist und erkennt dabei, wie armselig das war, was von den üblichen Maßstäben her als Befriedigung und Glück angesehen werden muß" (Freiburg/Br. 2007, 102).

Zentral in den Seligpreisungen erscheint der Satz „Selig, die ein reines Herz haben, sie werden Gott schauen!", der allerdings bei Lukas fehlt, und seine Auslegung in dem bei Matthäus und Lukas vorfindlichen „Selig, die arm sind vor Gott, denn ihrer ist das Himmelreich!" Beide Sätze fragen nach den wahren Schätzen im Leben eines Menschen, nach nüchterner und ehrlicher Selbsteinschätzung, nach Armut vor Gott, um durch ihn reich zu werden. Sie fragen aber zugleich nach der Lauterkeit der inneren Gesinnung und ordnen sich so ein in eine christliche Gesinnungsethik: Wo fehlt denn die Reinheit der Liebe, der Treue, der Versöhnung? Wo ist der Mensch bestochen von sich selbst und verliebt in den äußeren Erfolg?

„Selig die Trauernden, denn sie werden getröstet werden": Gibt es im eigenen Herzen den Mut und die Geduld zur Trauer? *Sunt lacrimae rerum* heißt es bei Vergil im ersten Gesang der „Aeneis"; Die Dinge haben ihre Tränen. Theodor Haecker kommentiert dazu: „Der Halbvers ist durch und durch lateinisch, er sagt nicht bloß – die erste, noch durchaus banale Erklärung – , daß gewisse Dinge von den Menschen beweint werden, sondern auch, daß die Dinge selber ihre Tränen haben, oder besser, daß da Dinge sind, die mit keiner anderen Antwort zufrieden sind als mit Tränen, die durch nichts wirklich erkannt werden, durch nichts anderes ausgeglichen werden können als durch Tränen und zuweilen selbst durch sie nicht: *aut possit lacrimis aequare labores,* als wögen Tränen unsere Mühsal auf" (Vergil, Vater des Abendlandes, München 1947, 109). Zum menschlichen Leben gehört das Eingeständnis letzter Ungetröstetheit und innerweltlich nie erfüllbarer Sehnsucht. Und weiter: Wo weitet sich der eigene Blick hin zur fremden Trauer, wo kann fremdes Leid mitgetragen und mitgefühlt werden, welchen Stellenwert hat der Verzicht im eigenen Leben?

„Selig die Gewaltlosen, denn sie werden das Land erben": Ein Satz von sozialethischer Sprengkraft. Christliches Ethos ist immer geprägt von der Option für die Armen und Schwachen, vom Versuch der Versuchung zur Vertröstung auf bessere Zeiten zu entgehen, von der Mühe um Ausgleich und Gerechtigkeit. Dem voraus liegt die Frage nach dem ganz persönlichen Umgang mit Macht und Einfluß, mit anvertrauten Menschen, nicht zuletzt mit der Schöpfung.

„Selig, die hungern und dürsten nach der Gerechtigkeit, denn sie werden gesättigt werden": Wo werden gerechte Zustände in Kirche und Gesellschaft angestrebt oder um eigener Vorteile willen verschleiert? Wo fehlt es Zivilcourage, dem berühmten Mut vor dem Freund, also Mut im alltäglichen Umgang mit vertrauten Menschen, deren Nähe auch Angst oder Aggression hervorrufen kann? Gedacht ist an eine durchaus unspektakuläre Mühe des Alltags, die Bereitschaft aber auch zur Verantwortung und Profilierung jenseits der Welt der Verdienstmedaillen und lobender Zeitungsartikel, den Mut einer beherzten Freiheit zum Guten – einfach, weil es gut ist. Dietrich Bonhoeffer notiert einmal: „Civilcourage aber kann nur aus der freien Verantwortlichkeit des freien Mannes erwachsen!" (Widerstand und Ergebung, Gütersloh 1985, 13).

„Selig die Barmherzigen, denn sie werden Erbarmen finden": Wie wird der Mitmensch gesehen, nur als Konkurrent im Kampf um den berühmten Platz an der Sonne oder als Bereicherung des eigenen Lebens und als Mitgeschöpf Gottes? Wird nach Möglichkeiten Ausschau gehalten, um die Gerechtigkeit durch Barmherzigkeit und Liebe zu überbieten oder hat man sich längst abgefunden mit den herrschenden Mißständen?

„Selig, die Frieden stiften, denn sie werden Söhne Gottes genannt werden": Werden wirklich alle Kräfte angespannt, um zu Einigung und Versöhnung zu gelangen, oder überwiegt die zynische Freude an ideologischen Grabenkämpfen und an der stillen Verunglimpfung unliebsamer Zeitgenossen? Und dahinter steht die Frage nach der Möglichkeit und der Bemühung um Frieden im eigenen Herzen, letztlich um Versöhntheit mit der eigenen, immer auch gebrochenen Lebensgeschichte. Am Ende der hl. Messe heißt es: Geht in Frieden! Solcher vollkommener und seliger Friede geht nur vom Altar und von der Liturgie als Raum der unbezweifelbaren Liebe Gottes aus; man muß tagtäglich spüren, wie sehr man von Gott geliebt ist, sonst versandet alles Christentum zu einem schalen Moralismus.

„Selig, die Verfolgung leiden um der Gerechtigkeit willen, denn ihnen gehört das Himmelreich": Zuletzt ist dies die Frage nach der Bereitschaft zu Opfer und Verzicht um des Guten willen, nach dem Mut zu unberechnetem Einsatz und zu Engagement für Mensch und Gesellschaft. Alle Seligpreisungen enden jeweils mit einem eschatologischen Ausblick auf Gottes Ewigkeit, die den Menschen als vollendetes Glück erwartet. Deren Seligkeit soll und muß freilich schon in dieser Welt und in den engen Grenzen von Zeit und Raum vorbereitet und erfahrbar werden. Das wird sichtbar an den unzähligen Heiligen, die den Raum der Liebe Gottes in den Grenzen dieser Welt ausgemessen und durchschritten haben und damit ein Glück fanden, das nicht von dieser Welt und ihrer Denkungsart ist. Benedikt XVI. schließt daher seine Auslegung der Seligpreisungen in seinem bereits erwähnten Buch: „Die Heiligen haben von Paulus über Franz von Assisi bis zu Mutter Teresa diese Option gelebt und uns damit das rechte Bild des Menschen und seines Glücks gezeigt. Mit einem Wort: Die wahre ‚Moral' des Christentums ist die Liebe. Und die steht freilich der Selbstsucht entgegen – sie ist Auszug aus sich selber, aber gerade auf diese Weise kommt der Mensch zu sich selber. Dem versucherischen Glanz von Nietzsches Menschenbild entgegen erscheint dieser Weg zunächst als armselig, geradezu unzumutbar. Aber er ist der wirkliche Höhenweg des Lebens; nur auf dem Weg der Liebe, deren Pfade in der Bergpredigt beschrieben sind, erschließt sich der Reichtum des Lebens, die Größe der menschlichen Berufung" (130). Das ist die Berufung und der Auftrag an die christliche Persönlichkeit, die aus diesem übernatürlichen Glück Gottes lebt und handelt, im Inneren fasziniert vom Ausblick auf die selige Vollendung in Gottes Ewigkeit. Die fast unbescheidene Vorstellung dieses Glücks ist Gottes letzte große Zumutung an den Menschen: „Eine sittliche Persönlichkeit sein fordert Mut zum vergeistigten Glück" (Klaus Demmer, Die Wahrheit leben, Freiburg/Br. 1991, 54).

Glück und Gebet

Ein Nachdenken über das durch den Glauben geschenkte Glück wäre nicht vollständig, ohne auf das Gebet zu sprechen zu kommen, ist es doch, insbesondere als liturgisch unterfangenes Gebet, der Raum der intimsten Kommunikation und Gemeinschaft mit dem Gott, der mir und meinem Leben Glück verheißt. Was ist denn eigentlich das Gebet für den Christen? Es ist im Kern die Teilnahme am Selbst-Bewußtsein Jesu, an dem also, was diesen Jesus Christus zum vollkommenen Menschen macht, also an seinem unzerstörbaren Bewußtsein der vollkommen sicheren Liebe des Vaters. Klaus Demmer notiert in seinem Buch „Gebet, das zur Tat wird": „In Jesus Christus gewinnt der Christ Zugang zum Vater. In ihm ist eine Reinheit der Erfahrung Gottes als Vater aufgebrochen, wie sie vollendeter nicht gedacht werden kann" (Freiburg/Br. 1989, 37). Dies zu erreichen in Bewußtsein und Handeln, davon bestimmt werden und darin den letzten Halt zu finden, das ist das Ziel des Christen. Nicht Pflichten werden ja auferlegt, sondern neue, ungeahnte Möglichkeiten der Liebe werden erschlossen, die sich nur dankbar annehmen lassen. Damit verbunden ist dann die vorherrschende Grundentscheidung des glaubenden Menschen, gedacht ist an eine unverbrüchliche Entschiedenheit zum Guten und zum je Besseren, die ein ganzes Leben wie ein unsichtbarer roter Faden durchwirkt. Das Gebet schafft den Freiraum des ruhigen Nachdenkens über das mögliche Gute im eigenen Leben, daher ist jede wichtige Entscheidung immer schon im Gebet vorweggenommen. Mehr noch: Die von Gott in die menschliche Natur eingestiftete Ausrichtung auf das letzte Ziel, auf umfassendes Glück durch vollkommene Liebe also, wird vom Menschen bewußt im Angesicht Gottes in Freiheit ergriffen. Diese Grundentscheidung aber gibt ein Leben lang zu denken und bedarf der ständigen Vergewisserung und Vergegenwärtigung. Dies geschieht im Nachdenken vor Gott und über Gott. Wer nämlich über Gott nachdenkt, der denkt notwendig auch über seiner liebende Vorsehung und seinen Plan mit dem Menschen nach. Daraus erwächst zugleich auch eine Anfrage an das eigene Gebet: Bete ich nur in der offiziellen Liturgie, oder bete ich auch spontan, wenn ich allein bin, so daß mein Leben wirklich zu einem Gottes-Dienst werden kann?

Die Freiheit des Christen wirkt immer in vielfältigen Grenzen, zuletzt und vor allem in den Grenzen von Raum und Zeit, immer aber auch in den Grenzen von Sünde und Schuld. Das sittlich Wahre ist das der Freiheit des Menschen Mögliche und das dem Menschen Zuträgliche: Über das Können hinaus ist niemand verpflichtet. Wo aber liegen objektive Grenzen des Möglichen, wo gelangt die eigene Freiheit an ein Ende der Verpflichtung zum Guten? Der Mensch wächst in den sittlichen Anspruch im Verlauf seiner Lebensgeschichte hinein. Wie das geschieht und ob es gelingt, ob also ein Weg der Entwicklung zur reifen und verantwortlichen Persönlichkeit gewiesen wird, hängt entscheidend von der Weise des Betens ab. Der Beter schaut nicht gebannt zuerst auf Grenzen und Verhängnisse, vielmehr ist er von der Sorge bewegt, er könne hinter den von Gott geschenkten Möglichkeiten zurückbleiben, er könne sich verfehlen durch voreiligen Kleinmut und falsche Selbstbescheidung im Guten. Das Gleichnis der Talente im Neuen Testament (Mt 25,14–30) gibt zu denken: Die tiefere Problematik, daß niemand von uns weiß, wie viele und welche Talente genau er vom Herrn erhalten hat, wird leicht überdeckt durch die mathematische Angabe der empfangenen Talente. In Wirklichkeit liegt die eigentliche Herausforderung ja in der lebenslang währenden Ungewißheit über Art und Zahl der von Gott mir anvertrauten Fähigkeiten. Das Maß des sittlichen Einsatzes wird in jedem Fall von der Intensität der Gottesbeziehung bestimmt, das ist in der Beziehung zu Gott nicht anders als in der liebenden Beziehung zu Menschen. Gebet ist aber im Kern immer Anbetung. In der Anbetung Gottes nachdenken über die eigene Lebensgeschichte und verpaßte wie ergriffene Gelegenheiten zum Guten heißt dann: zur Versöhntheit mit der eigenen Lebensgeschichte finden, da doch Gottes Vorsehung dankbar erkannt wird, auch wenn nicht alle Wechselfälle und Widrigkeiten als gut einleuchten wollen. Der Beter arbeitet damit an den Strukturen der Sünde im eigenen Leben. Er ist von Gott, nicht von sich selbst fasziniert, und so ist er seelisch gelöst, denn nur betend vor Gott bleibt man Herr im eigenen Haus. Klaus Demmer erläutert in seinem schon erwähnten Buch über das Gebet: „Der Christ kommt niemals an ein Ende. Solange er lebt, gibt es für ihn kein Zuspät. Immer ist er imstande, in die Unordnung und Verwirrung dieser Zeit sinnvolle Ordnung hineinzutragen. Doch ordnen kann nur, wer ein unverbrüchliches Grundvertrauen besitzt. Dessen wird der Mensch im Gebet inne. Solange er betet, gibt er sich nicht auf" (48).

Das Gebet hat ohne Zweifel seinen privilegierten Platz in der Liturgie der Kirche, hier verbindet es sich mit dem Gebet des von Christus gestifteten neuen Volkes Gottes, hier erfährt es Gemeinschaft und zugleich auch Korrektur. Die Liturgie aber ist Vergegenwärtigung der Liebe Gottes, der Erlösung, des Kreuzesopfers auf Golgotha, und sie ist zugleich Dank dafür: Eucharistie, was nichts anders heißt als Danksagung. Die Liturgie der hl. Messe ist zugleich das neue Pascha, gestiftet von Jesus Christus am Paschaabend in die alte jüdische Feier des Paschamahles hinein, das vor dem Auszug aus dem ägyptischen Sklavenhaus gefeiert wurde und seitdem zur Erinnerung an diesen erlösenden Exodus jedes Jahr. So feiert die Liturgie der Kirche als neues Pascha das neue gelobte Land: nicht mehr das irdische Land, wo Milch und Honig fließen, sondern das himmlische Land, wo die Freiheit zu Gott und zur Liebe wächst. Dafür kann nie genug gedankt werden, zumal in der Erinnerung an die eigene Taufe als Exodus aus der Knechtschaft der Sünde. Es ist dann immer auch Dank für das eigene Leben und die geschenkte Zeit, in der Gott sich liebend offenbart. So wendet sich der Dank unmerklich zur Tat. Und es ist schließlich auch Dank für eine ständig mögliche Reue und innere Bekehrung, denn die Gewißheit der göttlichen Vergebung schenkt einen langen moralischen Atem. Wer, wenn nicht Gott, könnte zuletzt das Wollen und das Vollbringen schenken? Freilich steht im Hintergrund stets die bange Frage: Was ist der Wille Gottes? Was will er konkret von mir hier und jetzt? Oder, noch bedrängender, will er gar nichts Konkretes, sondern überläßt mir die Abwägung von Gutem und Besserem im konkreten Alltag? Im Gebet bittet der Beter zuallererst um Gott selbst, um die intensive

Erfahrung seiner unvergleichlichen Liebe, und er macht sich die Worte des hl. Augustinus aus den „Bekenntnissen" in Anlehnung an Psalm 34 zu eigen: „Bei Deinen Erbarmungen, Herr, mein Gott, sag es mir, was Du mir bist! Sag meiner Seele: Dein Heil bin ich. Und sag es so, ich bitte Dich, daß ich es höre!" Ich will nachlaufen dieser Stimme, bis ich Dich fassen kann. Verbirg nicht Dein Angesicht vor mir: ja sterben will ich daran, um nicht zu sterben – auf daß ich es schaue" (I 5). Dies ist zugleich die Bitte um die Kraft zur Treue: Der Beter weiß, daß er den Schatz des Glaubens in irdenen Gefäßen trägt. Er bittet, niemals in eine Situation zu geraten, der seine moralischen und geistigen Kräfte nicht gewachsen sind, nicht in übermächtige Versuchung geführt zu werden. Denn das Gebet ist immer die von Herzen kommende Bitte an Gott, den einmal erkannten und ergriffenen Idealen immer bereitwilliger entsprechen zu dürfen. Es ist die Bitte um Kraft, den ersten Schritt hin zur Versöhnung und zum Frieden machen zu können. So weitet sich das Gebet gleichsam wie von selbst zur Fürbitte und zum stellvertretenden Gebet. Denn auch der scheinbare Feind steht ja unter der Zusage der göttlichen Liebe und Vergebung. Die Fürbitte bereitet den geistigen Boden für Worte und Taten der Versöhnung und Vergebung. Wie einer betet, so denkt und handelt er auch. So ist die Fürbitte der erste Schritt auf die helfende Tat hin. Die innere

Bereitschaft zur Versöhnung besitzt aber nur, wer im Gebet glücklich ist! Freilich ersetzt das Gebet niemals einfach das Handeln, aber es bereitet den Boden dafür, auch den Boden zur Bereitschaft zum Leiden und zur Geduld mit erfahrener Kränkung und Bosheit. Jedes Gebet nimmt teil an der Liturgie der Kirche, die den Raum der *visio beatifica*, der vollendeten Glückseligkeit bei Gott schon eröffnet. So weitet sich die Liturgie aus in den Raum des Alltags, das ganze Leben kann so zu einer lebendigen Liturgie im Dienst Gottes werden. Joseph Ratzinger unterstreicht daher in seinem von Romano Guardini inspirierten Buch „Der Geist der Liturgie": „Darum reicht die Liturgie des Glaubens immer über den Kultakt hinaus in den Alltag hinein, der selbst ‚liturgisch' werden soll, Dienst für die Verwandlung der Welt" (Freiburg/Br. 2000, 151).

Glück und Lebenskunst

Im Lukasevangelium gibt es einen harschen Text, der jeder billigen Gnade, wie Dietrich Bonhoeffer dies einmal genannt hat, und jedem vorschnellen Glück im Namen Gottes entgegensteht. Dort heißt es unmißverständlich: „Wenn jemand zu mir kommt und nicht Vater und Mutter, Frau und Kinder, Brüder und Schwestern, ja sogar sein Leben gering achtet, dann kann er nicht mein Jünger sein." Und womöglich noch schärfer: „Wer nicht sein Kreuz trägt und mir nachfolgt, der kann nicht mein Jünger sein!" Und schließlich in schonungsloser Offenheit: „Darum kann keiner von euch mein Jünger sein, wenn er nicht auf seinen ganzen Besitz verzichtet!" (Lk 14,25–33). Weltverachtung, Geringschätzung des Lebens, Kreuz und Verzicht – die schönsten Klischees vom leidverliebten und griesgrämigen Christen werden scheinbar bestens bestätigt! Und der alte Verdacht, von Friedrich Nietzsche weidlich ausgeschlachtet und genüßlich ausgebreitet, feiert fröhliche Urständ: Gab nicht das Christentum dem

Eros und der Lebensfreude, dem unschuldigen Glück und der unbeschwerten Liebe Gift zu trinken? War es nicht oft genug die Kirche mit einer allzu rigiden und überzogenen Moral, die das Leben und das Glück knebelte? Gibt es nicht die Versuchung des Christen, insgeheim oder auch ganz offen die Welt zu verachten und sich für Besseres zu dünken? Durch Leid und Weltverachtung gleichsam gestählt und erprobt? Um am Ende dann als Lohn für alle Entsagung und Verkniffenheit den Himmel zu gewinnen? Und hinter all diesen berechtigten und bedrängenden Fragen versteckt sich lauernd und dämonisch der letzte und ungeheuerlichste Verdacht: Muß man nicht wirklich, um Gott lieben zu können, die Menschen – und seien es die liebsten – vergessen, geringachten oder gar verachten? Ist der Weg von der Gottesliebe zum Menschenhaß wirklich so weit? Und heißt es nicht bei Blaise Pascal zumindest, wir sollten uns selbst hassen lernen, um Gott unbedingt lieben zu können? Dem steht freilich das schöne Wort des hl. Irenäus von Lyon entgegen, aus der Frühzeit des Christentums: „Die Ehre Gottes ist der lebendige Mensch. Das Leben des Menschen aber ist die Schau Gottes" (Adversus haereses 4, 20). In diesem Satz findet sich beides: Liebe zum Leben und Ausrichtung auf Gott, in einer durchaus spannungsreichen Einheit. Es geht in Wirklichkeit um das wahre Leben des Menschen, nicht bloß um scheinbares Leben und vorläufiges Glück. Es geht letztlich um die uralte Frage des Menschen: Woher komme ich und wohin gehe ich? Bin ich mehr als ein bloßes biologisches Produkt, herabgefallen wie zufälliges Fallobst vom Baum der Evolution und nach kurzer Zeit zum Verfaulen im ewigen Kreislauf der Weltgeschichte bestimmt? Kann ich mich denken als Ebenbild Gottes, als Geist von Gottes Geist, als ewig von Gott geliebt? Und was würde sich ändern, wenn ich mit diesem bloßen Gedankenspiel nun Ernst machte, wenn ich gleichsam beschlösse, so zu leben, als gäbe es Gott? Und Gottes Interesse wäre es dann, daß ich gut und richtig lebe. Die grundsätzliche Ausrichtung auf das Gute und auf den guten Gott muß ja noch nicht notwendigerweise identisch sein mit den richtigen Entscheidungen und Handlungen, wie ja überhaupt ein weiter und steiniger Weg von der guten Gesinnung und Absicht bis hin zur richtigen Entscheidung und Tat ist. Der Volksmund weiß das und bemerkt mokant: Gutgemeint ist das Gegenteil von gut gemacht. Die grundlegende Lebensentscheidung bedarf immer der mühsamen Umsetzung in kleine und alltägliche Richtigkeiten und Güterabwägungen. Ohne Vertrauen auf Gottes gütige Vorsehung ist das nicht zu leisten. Klaus Demmer notiert dazu: Der Einzelne trifft seine Wahl in der getrosten Zuversicht, sie auf das Gesamt seines Lebens hin durchtragen zu können" (Die Lebensentscheidung, Paderborn 1974, 142). Und an der Wurzel dieser Zuversicht steht die über den Raum der begrenzten Lebenszeit hinausgehende Vision eines umfassend geglückten Lebens, das sich einer menschlichen Herstellbarkeit letztlich entzieht. Das gute und gelungene Leben ist reine Gnade und niemals zu erzwingen.

Paßt das aber alles noch zusammen mit den eingangs zitierten Sätzen des Lukasevangeliums? Und jetzt plötzlich mit eleganter Volte und charmant jesuitischem Augenzwinkern: Das gute Leben ist Gottes größtes Interesse? Es paßt – das ist das Paradox des Glaubens! Das Christentum ist vom Wesen her Erläuterung dieses Widerspruchs, den jeder Mensch im eigenen Leben erfährt und erlebt und kein Mensch endgültig mit den Maßstäben dieser Welt erklären kann: Wer sein Leben bewahren will, verliert es; wer es hingibt, wird es gewinnen! Lebensgewinn erhält hier eine tiefere, über die Hoffnung in Raum und Zeit hinausgehende Perspektive: Wodurch denn wird ein Leben lebenswert, wofür lohnt es sich zu leben und zu sterben, was ist im Leben letztlich wichtig und wesentlich? Die Antwort ist nach der Überzeugung des christlichen Glaubens immer: Liebe. Leben ist wichtig, Liebe ist wichtiger, Hingabe ist am wichtigsten. Das sind, mit den Worten Alfred Delps aus der Haft in Plötzensee am 16. Dezember 1944, wenige Wochen vor der Hinrichtung, „die beiden einzigen Wirklichkeiten, um derentwillen es sich lohnt, da zu sein: Anbetung und Liebe. Alles andere ist falsch" (Kassiber, Frankfurt 1987, 37). Und das Grundgesetz echter Liebe ist jene Hingabe, die unvermeidlich den Verzicht mit einschließt. Was geschieht denn, wenn eine Mutter ihr behindertes Kind pflegt und auf vieles im Leben verzichtet? Was geschieht, wenn Eheleute um ihre Liebe und ihre Treue kämpfen und andere Interessen hintanstellen? Was geschieht, wenn ein Mensch auf weitere Karrieresprünge verzichtet, um mehr Zeit für die Familie zu haben? Die Antwort ist immer und überall: Es geschieht aus Liebe und zugleich in Verzicht. Oder abstrakter ausgedrückt: Um der Verwirklichung von Idealen willen wird auf die Befriedigung von Bedürfnissen verzichtet. Denn ein solcher Verzicht ist ja keineswegs sinnlos, sondern immer sinngeleitet. Verzichtet wird in der Anspannung aller Kräfte um eines größeren Gutes willen, jenes, was das Evangelium die „Perle im Akker" nennt, um derentwillen alles freudig verkauft wird. Es gibt keine Liebe ohne gleichzeitigen Verzicht, weil Liebe in der Konkretion von Lebensentscheidungen immer schon eine exklusive Entscheidung bedeutet. Die Liebe zu einem Menschen und ebenso zu Gott fordert immer Entscheidung. Und das Wort sagt es mit aller Deutlichkeit: Das hat immer zu tun mit Scheidung, mit Trennung von angenehmen und zufriedenstellenden, aber letztlich nicht notwendigen Gütern, es hat auch immer mit Trauer und Schmerz zu tun. Clive S. Lewis unterstreicht in seinem Buch „Die große Scheidung" sehr eindrücklich diesen schmerzhaften Charakter der Entscheidung mit dem Hinweis, die letzte große Entscheidung des Menschen in dem, was die Kirche „Reinigungsort" oder Fegefeuer nennt, sei eine einzige Scheidung von reiner Liebe und ungeordneter Anhänglichkeit an vergängliche Güter. Und diese große Scheidung sei immer eine Wahl, die ein ganzes Leben lang sich vollzieht: „Man kann nicht alles Gepäck auf alle Reisen mitnehmen; auf einer Reise mag sogar unsere rechte Hand und unser rechtes Auge unter den Dingen sein, die wir zurücklassen müssen. Wir leben nicht in einer Welt, wo alle Wege Radien eines Kreises sind, so daß sie alle, wenn man ihnen nur weit genug folgt, sich allmählich nähern, bis sie einander schließlich im Mittelpunkt treffen; vielmehr in einer Welt, wo jeder Weg sich nach einer Weile gabelt und jeder der beiden neuen Wege sich wieder gabelt, und an jeder Weggabelung müssen wir eine Entscheidung treffen" (Einsiedeln 1980, 7). Aber dieser Schmerz und Verzicht wird getragen aus dem Entschluß für ein größeres Gut und eine größere Liebe. Für eine größere Sicht der Wahrheit des eigenen Lebens.

Freilich ist die Entscheidung zum Verzicht um eines größeren Gutes willen nicht immer und vielleicht sogar sehr oft nicht freiwillig. Das Leben diktiert uns viele Entscheidungen, ohne uns um die eigene Meinung oder gar um Erlaubnis zu fragen. Hier gilt es die buchstäblich entscheidenste Fähigkeit des Menschen zum Einsatz zu bringen: In Glauben und Vertrauen zum diktierten Leben ja zu sagen, in einer bewußten Lebensentscheidung das Diktat äußerer Lebensumstände willentlich zu ratifizieren und damit die Gestaltung der weiteren Umstände in die Hand zu bekommen. Die Kunst, glücklich zu sein, besteht wesentlich in der Kunst, Glück und Verzicht zusammendenken zu wollen und auch zu können. Arthur Schopenhauer bemerkt hellsichtig: „In Arkadien geboren sind wir alle, das heißt, wir treten in die Welt voller Ansprüche auf Glück und Genuß und bewahren die törichte Hoffnung, solche durchzusetzen, bis das Schicksal uns unsanft packt und uns zeigt, daß nichts unser ist …" (Die Kunst, glücklich zu sein, München 2000, 28). Jede Güterabwägung nimmt ihren Ausgang in einer fundamentalen Abwägung und Wertung der Grundgüter, beginnend mit der Entscheidung angesichts der letzten Alternative „Gott oder das Absurde"!

Der eingangs zitierte Text aus dem Lukasevangelium geht noch einen Schritt weiter. Er fordert nicht einfach dazu auf, in einer Art radikalem Asketismus die Zähne zusammenzubeißen und sich durch die dunklen Stunden des Lebens mehr schlecht als recht durchzuschlagen. Vielmehr wird zu vorausschauender Klugheit aufgefordert, zu umsichtiger Planung von Lebenssituationen, zu Rücksicht und Vorsicht im Umgang mit eigenen Kräften und Schwächen:

„Wenn einer von euch einen Turm bauen will, setzt er sich dann nicht zuerst hin und rechnet, ob seine Mittel für das ganze Vorhaben ausreichen? Sonst könnte es geschehen, daß er das Fundament gelegt hat, dann aber den Bau nicht fertigstellen kann" (Lk 14,28–29). Das Leben wird nicht allein mit langem Atem und unausgesetzter Tapferkeit bestanden. Es braucht zusätzlich die für den Menschen typische innere Kraft abwägender Klugheit. Manche Schlacht und manchen Turmbau sollte man klugerweise nicht beginnen, weil man sinnlos die eigenen Kräfte verschleudert und die sichere Niederlage vorprogrammiert ist. Dann ist es besser, die zuhandenen Kräfte auf sinnvolle Aufgaben zu konzentrieren, als sich an der widerspenstigen Wirklichkeit vergeblich wund zu reiben. Gemeint ist letztlich eine Kraft zu innerer Versöhntheit mit Grenzen und Niederlagen, die eine innere Selbstsicherheit wachsen läßt, ohne sich an äußeren Erfolgsmaßstäben messen zu lassen. Hinzu kommt ein weiterer Gedanke: das Glück des Menschen ist immer nur ein kleines Glück, ein dem Leben oder dem Schicksal abgerungenes und oft auch abgetrotztes Glück. Es braucht die Kraft des Ausgleichs und der Gelassenheit; das direkte und dauerhafte Glück ist nicht von dieser Welt. Der Christ steht nicht an zu behaupten: Das ewige Glück, ohne Tränen und Fragen, findet der Mensch erst bei Gott. Bis dahin bleiben vergebliche Mühe und ein von

Verzichten durchkreuztes Glück. Nicht zuletzt die Zeit ist ja die unüberwindbare Begrenzung, die nur denkend und glaubend überschritten werden kann: Zunächst ist die Ewigkeit Gottes reiner Gedanke, auf den dann die Offenbarung Gottes selbst in Jesus Christus und in der Kirche zugeht, aufnimmt und vollendet. Aber die Tränen in Raum und Zeit lassen doch die Möglichkeit der Ewigkeit Gottes ahnen. Genug ist nie genug, diese menschliche Grunderfahrung wird keinem erspart. Aber niemand ist gezwungen, jeden Kampf aufzunehmen, jeden Turm bauen zu müssen, jede Niederlage heraufzubeschwören, jeder Enttäuschung sich bereitwillig in die Arme zu werfen. Hingebende Liebe schließt Klugheit und Umsicht immer ein. Dazu zählt dann auch die Mühe um vorausschauende Lebensplanung. Große Lebensentscheidungen, wie etwa in der Ehe oder im Priestertum, wollen in der kleinen Münze des bewährten Alltags bezahlt werden. Manche grundlegende Lebensentscheidung zerfasert und versandet unter der Hand, weil die nötige Umsicht zur Umsetzung im Alltag fehlte. Kein Glück und keine geglückte Lebensentscheidung fällt einfach wie ein reifer Apfel vom Baum. Es braucht die stille und ständige Bemühung und die sorgsame Pflege von Grundentscheidungen. Freundschaften und Beziehungen werden leicht und hochgemut begonnen, geführt und gelebt werden sie in der Stille des Denkens und des Schreibens, im Zuhören und Aushalten und Beistehen. Und jeder ist durchaus verantwortlich für das, was er einst in Liebe und Begeisterung begonnen hatte. In der Geheimen Offenbarung des Johannes heißt es warnend im Brief an den Engel der Gemeinde in Ephesus: „Ich weiß um deine Werke, um deine Mühe und dein Ausharren, und daß du das Böse nicht ertragen kannst. Auch hast du Geduld und hast um meines Namens willen die Last getragen und bist nicht müde geworden. Aber ich habe gegen dich, daß du deine erste Liebe verlassen hast. Bedenke also, aus welcher Höhe du gefallen bist!" (Offb 2,2–5). Jeder ist verantwortlich für Menschen, die sich ihm eröffnet und erschlossen haben. Und um solcher Treue und Freundschaft willen ist mancher Verzicht und viel Klugheit erforderlich. Stets kreisen die Gedanken eines Menschen, besonders in stillen und einsamen Stunden, um die bange Frage, ob der Turm des eigenen Lebens wenigstens ein Stück weit gebaut werden kann – vollenden muß ihn ohnehin Gott, und er wird es! Aber das zeitliche Heft des Handelns muß wenigstens ein Stück in der eigenen Hand bleiben, denn wer unter dem fatalen Eindruck des bloßen Gelebtwerdens lebt, der zermürbt vor der Zeit. Und wer sich selbst nur als beliebig austauschbares Rädchen im Lauf der Weltgeschichte sieht, der wird blind für die eigene Berufung zur unverwechselbaren Persönlichkeit. Dahin zielt übrigens das zweite Beispiel aus dem erwähnten Text des Lukasevangeliums: „Oder wenn ein König gegen einen anderen in den Krieg ziehen will, setzt er sich dann nicht zuerst hin und überlegt, ob er mit seinen zehntausend Mann sich dem entgegenstellen kann, der mit zwanzigtausend gegen ihn anrückt?" (Lk 14,31). Der Akzent liegt hier nicht so sehr auf dem Krieg, als vielmehr auf dem Königsein, wie übrigens der hl. Ignatius von Loyola an einer Stelle seiner Exerzitien (Nr. 91–98) in sehr ähnlicher Weise unterstreicht: Kein Mensch kann auf Dauer leben ohne den Grundwasserspiegel gebotener Selbstachtung, ohne ein Mindestmaß an Würde und Souveränität. An der Wurzel jeder Sünde steht die geheime Versuchung, sich selbst verachten zu müssen, und das wird auf Dauer zum inneren Tod führen, mag auch der äußere Mensch noch überleben. Jeder braucht einen letzten Freiraum eigener Entscheidung und eigener Treue zu sich selbst und den eigenen Idealen. Und manchmal ist es besser, als kleiner König davonzukommen, als vernichtend und traumatisierend geschlagen zu werden. Die Bemühung, durch Verzicht und Kreuz hindurch zu einem ganz eigenen und zutiefst originellen Lebensglück zu gelangen, in nichts dem Glück eines anderen Menschen vergleichbar oder daran zu messen, das ist von Gott nicht nur vorgesehen, sondern geradezu vorhergesehen!

Ein letzter Gedanke mag die in der christlichen Tradition bekannte Unterscheidung der Geister in den Blick nehmen, wie sie insbesondere der hl. Ignatius von Loyola in seinen „Exerzitien" ausführlich erörtert. In moderner Sprache könnte man an den Unterschied zwischen Problem und Schwierigkeit denken: jenes ist grundsätzlich lösbar, dieses hingegen nur abzumildern und zu ertragen. Gemeint ist: Vor der adäquaten Erkenntnis der mich umgebenden Wirklichkeit muß die adäquate Erkenntnis der mich bestimmenden Motive stehen. Jene Unterscheidung als Voraussetzung jeder Entscheidung umfaßt in der Sicht der „Exerzitien" des hl. Ignatius von Loyola demnach „Regeln, um einigermaßen die verschiedenen Bewegungen zu erklären und zu erspüren, die in der Seele sich verursachen, die guten, um sie aufzunehmen, die schlechten, um sie zu verwerfen" (Nr. 313). Die daraufhin folgenden Regeln zur Unterscheidung der Geister bilden eigentlich einen kurzen Abriß der ignatianischen Ethik. Die menschliche Natur wird nicht als in sich verderbt und böse angesehen, sondern als ungeordnet in ihren Neigungen und Motiven, als zutiefst verwirrt im Erkennen und Wollen des wahrhaft Guten. Aber die Notwendigkeit zur Unterscheidung beschränkt sich keineswegs nur auf die inneren Neigungen, auch äußere Herausforderungen und Probleme geraten in den Blick. Hier setzt die Unterscheidung von Schwierigkeit und Problem an. Eine Schwierigkeit ist wie ein strenger Winter: grundsätzlich unlösbar und nicht aus der

Welt zu schaffen, nur zu bestehen und abzumildern. Die Gabe der Kompensation und der klugen Umsicht und Vorsicht ist gefragt. Ein Problem aber ist wie eine schwere Erkältung im Winter: grundsätzlich vermeidbar, insofern Wille und Mittel eingesetzt werden und indem zuvor Motive und innere Beweggründe ausgelotet wurden, sodann aber auch lösbar, freilich unter Inkaufnahme von Verzichten. Notwendig und notwendend im eigenen Leben wäre also stets die Frage: Wo kämpfe ich wie Don Quichotte gegen Windmühlenflügel, statt die Energien für lohnenswerte und zielführende Auseinandersetzungen aufzusparen? Wo unterscheide ich zu wenig zwischen unvermeidlichen Schwierigkeiten und Grenzen des eigenen Charakters und des Lebens einerseits und vermeidbaren Problemen und drohend sich ankündigenden moralischen Sollbruchstellen der eigenen Person andererseits? Was sind die eigenen inneren Stoßdämpfer, um die Schwierigkeiten des Lebens wenn schon nicht zu vermeiden, so doch abzufedern? Und was ziehe ich als Lösungsstrategie für Probleme in Betracht, was beginne ich in Vertrauen und Geduld als Gegenmaßnahme, wo suche ich wirklich und nicht nur zum Schein eine Lösung, auch wenn es vielleicht weh tut? Unser Verhalten erscheint nie wie ein Blitz aus heiterem Himmel, es hängt ab von unserer inneren Haltung, die sich in den Tugenden ausdrückt, und diese wiederum baut auf einem inneren letzten

Halt auf. Halt, Haltung, Verhalten – wer sich danach ehrlich und nüchtern befragt, wird manche unnötige Mühe vermeiden, die sich als Herumkurieren an Symptomen entpuppt. Erfolgversprechender ist die oft mühselige Suche nach tiefersitzenden Ursachen und geistigen Entzündungsherden. Eigenes Verhalten ändert sich nachhaltig nur durch eine Änderung der inneren Haltung und der Überprüfung des inneren Haltes. Wenn Gott im Herzen gegenwärtig und bewußt ist, dann können Haltung und Verhalten in eine dauerhaft beglückende Richtung gebracht werden, trotz scheinbarer Rückschläge und schmerzlicher Enttäuschungen. Der hl. Ignatius von Loyola empfiehlt in seinem Exerzitienbuch als beständige Übung im Alltag, sozusagen als mentales Krafttraining des Christen, das Gebet der liebenden Aufmerksamkeit. Es sind dies Momente der achtsamen und liebevollen Annahme der eigenen Person in Stärke und Schwäche, in Glück und Verzicht. Romano Guardini bemerkt in seinem Buch „Die Annahme seiner selbst": „Und die Klarheit und Tapferkeit dieser Annahme bildet die Grundlage allen Existierens" (Mainz 1993, 18). Die Annahme seiner selbst und der Sinn des eigenen Lebens hängen dann nicht mehr zuerst von äußeren Umständen ab. Grundlegend ist vielmehr die auf Gottes treue Liebe aufbauende Lebensentscheidung, die wie von selbst zu Scheidung und Verzicht führt, ohne daß ein Leben verarmt.

Im Gegenteil: Die Lebensperspektive gewinnt an Schärfe und an Weite. Gedacht ist also an eine liebevolle Aufmerksamkeit auf sich selbst, auf den Mitmenschen und auf Gott. Und das schließt eine innere Kommunikation, ein inneres Sprechen mit sich selbst wie mit einem Freund ein, so daß wir dann auch mit dem Mitmenschen und zuletzt mit Gott wie mit einem Freund sprechen können. Das ist nach Ignatius von Loyola das eigentliche Wesen des Gebetes: „Christus unseren Herrn sich gegenwärtig und am Kreuz hängend vorstellen und ein Gespräch halten: wie Er denn als Schöpfer dazu kam, sich zum Menschen zu machen und vom ewigen Leben zum zeitlichen Tod niederzusteigen und so für meine Sünden zu sterben. Dann den Blick auf mich selber richten und betrachten, was ich für Christus getan habe, was ich für Christus tue, was ich für Christus tun soll. Das Gespräch wird mit richtigen Worten gehalten, so wie ein Freund mit seinem Freunde spricht" (Exerzitien Nr. 53). Denn Gottes treue Freundschaft ist in Jesus Christus Fleisch geworden, Gegenwart in den Sakramenten der Kirche und durch den Hl. Geist in unseren Herzen. Jedes Gespräch besteht fundamental aus Frage und Antwort. Was fragen wir Gott, was den Mitmenschen und Freund, was schließlich uns selbst? Im Tagebuch von Max Frisch findet sich einmal die etwas rätselhafte Frage: „Möchten Sie mit sich befreundet sein?" Eine gute Frage, denn Gott hat sie für uns beantwortet. Als er uns schuf und erlöste und für sein ewiges Glück bestimmte, hat er die Antwort gegeben: Er wünscht nichts mehr, als mit mir befreundet zu sein. Wer könnte dazu nein sagen?